市場原理主義と高金利マネー

奪う！　カネも人の命も

鈴木久清

花伝社

市場原理主義と高金利マネー——奪う！　カネも人の命も◆目次

はじめに

本書は、貨幣の貸し付けにおける利子（利息または金利ともいわれます）および高利の問題を考えたものです。貨幣の高利貸し付けは人が人を搾取・収奪するための方法または手段の一つであると捉えて、その本性が人類の長い歴史（古代から現代まで）のなかでどのようにあらわれ、またどのように考えられてきたのかについてのべたものです。

利子は、現象的には貨幣の借り手が貸し手に支払う貨幣使用料、すなわち利子生み資本（貸付資本）という商品の価格としてあらわれますが、本質的には労働者によって作り出される剰余価値が利潤に転化して、その一部が自立化したものです。つまり、利子は、貨幣の貸し付けを受けた機能資本家（産業資本家や商業資本家）がその借入金を資本として機能させて、労働者を搾取してえた利潤のなかから、その一部を貨幣資本家に引き渡す部分です。

高利は、商品または貨幣の単純な流通のみを前提として存立する高利資本の運動によって、生産者たちの労働および剰余労働によって生み出される価値の多くまたは全部を、貨幣の貸し手が利子という形態で借り手から搾取・収奪するものです。したがって、高利資本は、利子生み資本の前近代的形態として、資本主義成立以前から商業資本と共に存在していました。高利貸しは、他人が働いて作り出した富をかすめ取るという、人道に反する所業であり、またそれゆえに、人権を侵す行為です。

高利貸し付けは現代の深刻な社会問題

周知のように、近年、わが国では、クレジット・サラ金、商工ローンなどの形態による高利の貨幣貸し付けに伴う多重債務問題が深刻な社会問題になっています。二〇〇六年には、この問題の解決の手立てとして、高金利の引き下げを柱とする貸金業を規制する新しい貸金業法が成立しました。

貨幣の高利貸し付けは、海の向こうのアメリカや韓国などにおいても深刻な社会問題になっています。たとえば、アメリカでは、二〇〇八年に高利サブプライムローン（低所得・低信用の個人向け住宅ローン）問題が米国発世界金融危機の原因にもなるなど、大変な問題が生じました。住宅ローンを証券化という形でいかがわしい金融商品にして、それを世界に滞留する過剰貸付資本に向けて売り出したものの、ローン自体の焦げ付きによって、証券取引も一気に崩れ去ったからです。その犠牲になったのは、サブプライムローンの債務者は勿論、「マネーゲーム」というギャンブルに手を染めた銀行を救済するために、一兆ドルに近い莫大な公的資金を注ぎ込まれた米国の国民でした。それだけではありません。こうしたマネーゲームには日本をふくむ多くの国の銀行や証券会社などの金融機関も加わっていたため、それらの国々においても金融危機が起きて実体経済が破壊され、多くの国民が被害を受けました。住宅ローンという形をとった貨幣の高利貸し付けに端を発する問題が、このようにグローバルな金融危機および経済危機にまで発展したことは、人類史上はじめてのことです。

では、このようなことは、予測できていたのでしょうか。皮肉なことに、投資家のジョージ・ソロスは、行き過ぎた市場経済やサブプライムローンに警告を発していました。ノーベル賞受賞経済学者のジョセフ・E・スティグリッツは、住宅ローンの証券化が最終的に厄災をもたらすと予測して、警告を発していました。しかしながら、米国の経済政策に実際に影響を与えていたのは、かれらのようなケインズ学派のエコノミストではなく、新自由主義を説いたミルトン・フリードマンとその弟子たちだったのです。たとえば、一九八七年から二〇〇六年までFRB（連邦準備制度理事会）の議長を務めたアラン・グリーンスパンは、フリードマンの信奉者でした。新自由主義論者たちは、資本の横暴にたいする社会的規制を否定し、そして、経済システムの重点を金融経済にもとめようとする人たちでした。そのかれらの旗振りによって、低金利政策（安いマネーの供給）などをとり続けたジョージ・W・ブッシュ政権は、ウォール街のあらゆる金融機関が金浸しになって、弱肉強食主義による利益の最大化に血道をあげる手立てをおこなってきたのです。

銀行家の振る舞いは「恐慌とぺてん」を起こすことがある

カール・マルクスは、今から百数十年も前に、『資本論』（第三巻第五編第三六章）において、銀行家の振る舞いは「恐慌とぺてん」を起こすことがありうることを予測していました。一九世紀のマルクスの時代は勿論、銀行家が産業資本家を詐欺やぺてんにかけることはありませんでしたが、無為の庶民の家計まで投機の渦に引き込んでしまうといったことはありませんでした。しかし、マルクスは、銀行制度および信用制度は資本主義的生産を駆り立てて、その諸制限を踏み越えさせる最も強力な手段となり、恐慌とぺてんの最も有効な推進力となりうることを見通していたのです。現実は、まさにそうなっています。このことを知ってかどうか分かりませんが、スティグリッツは、最新の著書『フリーフォール――グローバル経済はどこまで落ちるのか』において、サブプライムローンは「ぺてん」だったといい、銀行と住宅ローン会社は貧困者を食いものにした金融商品で、自らを滅ぼすことになったとのべています。そしてかれは、現代のアメリカは高利貸しの危険性にかんする教訓をすっかり忘れてしまった、とのべています（『フリーフォール――グローバル経済はどこまで落ちるのか』徳間書店、一二二、一二五、二五五ページ参照）。

マルクスの時代と今日の時代の大きな違いは、経済活動および金融活動がいっそう発展したことを除けば、つぎのただ一つのことだけです。以前は、銀行家によって高利貸しにたいする資本の配分は奪われていたのですが、現在では、銀行家は資本の配分を高利貸しと分ち合っているのです。以前は、産業資本家や商業資本家が高利貸しの独占を打ち破って銀行制度や信用制度を作り、高利貸しを資本の配分から排除していたのですが、現在は、銀行家が個人向け貸し出しによっていっそうの利益をあげるために、高利貸しと癒着《ゆちゃく》するようになったからです。アメリカにおいて、高利サブプライムローンの貸し出しをしていた住宅金融会社に資金を提供していたのは、大手銀行や大手証券会社（投資銀行）でした。高利サブプライムローンを裏で操っていたのは、じつは銀行だったのです。

このような現象は、わが国でも起きています。大手金融機関が低い金利でサラ金業者に莫大な資金を提供し、それが高利で消費者に貸し出されているのです。こうした銀行家と高利貸しの癒着は、たとえば三菱東京ＵＦＪ銀行がアコムと、三井住友銀行がプロミスと資本提携するというように、銀行資本が高利資本を囲い込むといった状況になっています。この結果、借り手の側に自己破産者が続出し、自殺する債務者まで出ているのです。

利子という概念は、いつから生まれたか

歴史をかえりみれば、利子という概念は、人が人を搾取するという階級社会が成立するようになった、古代の奴隷制社会になってはじめてあらわれました。それ以来今日にいたるまで、人が人に貨幣を貸し付ける場合は、つねに利子が伴うようになり、同時に高利もまた存続するようになりました。資本主義社会が成立する以前の社会における利子の問題は、高利の問題で

した。すでにのべたように、高利貸しは、単純な商品または貨幣の流通があれば、どの時代においても存在しえたからです。しかも、資本主義社会が成立する以前の社会においては、貨幣の貸し付けをおこなっていたのは高利貸ししかいなかったからです。

利子問題は、歴史的には利子率の最高限をどの程度にさだめ、そして、その規制をいかに実行なさしめるかといった問題でした。一般的に人類最古の法典といわれる「ハンムラビ法典」は、利子率の最高を、穀物による融資の場合は年利三三パーセント、銀の融資の場合は同二〇パーセントとしていました。古代ローマの「十二表法」は、最高限を年利一〇パーセントとしていました。しかし、古代ローマではその後、この最高限を引き下げたり、まったく禁止するなどの法が作られましたが、厳格に守られたことはなく、しばしば法定利子率の何倍もの利子、すなわち高利の徴取がおこなわれていたといわれています。そうした経過の後、キリスト教の教父たちは、その宗教的・道徳的立場から徴利禁止をつよく説きました。

市民社会の成立と利子問題

しかし、森泉章氏の『判例利息制限法（増補）』によりますと、利息禁止の法制は、市民社会の生成とともに、過度の利息徴収のみを禁止する制度の採用へと転化する機運が醸成される方向に変わってきました。一九世紀に入ると、西欧諸国では産業資本の発達に伴って、自由放任主義の影響を受けて利息制限を撤廃する利息自由法が制定されるなど、利子にたいするさまざまな対応が図られるようになりました。そうしたなかで、つねに大きな問題となっていたことは、暴利行為を禁止して、いかにして社会的弱者を保護するかという点でした。たとえば、ドイツ民法やスイス債務法では、一方で利息自由の立場をとりつつも、他方では他人の窮迫、軽率、無知識または無経験に乗じて暴利を貪る行為を無効としていました。英米においては、特別法を設け、小額の生活費もしくは医療費の借り入れを余議なくされた社会的経済的弱者を高利から保護するために、暴利または不当高利を貪る行為を無効としていました（『判例利息制限法（増補）』一粒社、四〜六ページ参照）。

わが国においては、利息制限にかんする法制は、古くは律令時代にさだめられた私出挙《しすいこ》（私人間の利息付貸籾契約）の制限にみられます。律令の規定では、借とよばれた使用貸借・賃貸借には利息の制限はありませんでしたが、利子付きの消費貸借である出挙には法定利息が存在していたといわれています。一八四二（天保一三）年に徳川幕府によって実施された「金銀貸借利足改正之義」は、最高利率を年利一二パーセントとし、これを超えるものには訴権を与えないという制度でした。明治時代に近代的法典としての装いのもとに利息制限法が制定されたのは、一八七七（明治一〇）年九月一一日太政官布告六六号の公布においてでした。この利息制限法は、「金銭ヲ貸付ケ暴利ヲ貪ル弊ヲ防止センガ為ニ」されたといわれています。これは、徳川幕府の利息制限法の趣旨と同じく、高利貸しの不当な高利から経済的弱者を保護しようとすることにありました（同書、六〜八ページ参照）。

利息制限法の制定と高利貸しの横行

明治時代に制定された利息制限法は、一九五四（昭和二九）年に現行の新利息制限法が制定されるまで、改正らしい改正もされないで七七年の長きにわたって効力を持ち続けました。しかし他方、消費信用の面における私法上の効果のみを目的とした利息制限法によっては、高利貸しの暴利を取り締まることが困難であったため、これに対処するということで、一九四九（昭和二四）年には「貸金業の取締に関する法律」が制定されました。この法律はほとんど効力を発揮することなく終わり、一九五四（昭和二九）年に出資法（「出資受入、預り金及び金利等の取締等に関する法律」）が制定されました。この出資法は、年利一〇九・五パーセントを超える利息を契約しまたは受領した場合には、貸し主にたいし刑罰を科すという、刑事面における国家の能動的な暴利禁圧の立法でした*（同書、九～一三ページ参照）。

＊ 出資法の上限金利は、法制定時に年利一〇九・五パーセントであったのが、一九八三年一一月に同七三・〇パーセント、一九八六年一一月に同五四・七五パーセント、一九九一年一一月に同四〇・〇〇四パーセント、二〇〇〇年六月に同二九・二パーセント、そして二〇〇六年一二月の改正貸金業法の成立によって年利二〇パーセントに順次引き下げられてきました。ちなみに、現行利息制限法の上限金利は、一〇万円未満年利二〇パーセント、一〇万円以上一〇〇万円未満同一八パーセント、一〇〇万円以上同一五パーセントです。

しかしながら、高利貸しは、西欧諸国などにおいてと同様に、わが国においても、さまざまな利息制限法を制定するものの、防ぐことができませんでした。ときには脱法行為によって、ときには法律の不備によって、そして、ときには支配者たちの思惑などによって、高利貸しは、どの時代においても横行し、たいがい暴利を貪ってきたからです。今日では、高利の問題が多重債務問題や高利サブプライムローン問題にみられるように、深刻な社会問題を引き起こす大きな原因になっています。

高利貸しに対する民衆の憎悪

だが、こうした高利貸し付けは、人びとからの非難や抵抗がまったくなしに今日にいたっているわけではありません。逆にいえば、人びとの高利貸し付けにたいする非難や抵抗があったからこそ、実権を握っていた時々の支配者は、すでに垣間みたような、高利もしくは暴利禁止のさまざまな利子制限立法の手立てを、社会政策的に講じざるをえなかったのです。

マルクスは、高利にたいする民衆の憎悪は、古典古代世界において最も激しかったとのべています（前掲『資本論』同章）。そのことが反映して、古代ギリシアやローマにおいては、多くの哲学者たちによって、高利が非難の的になっていました。古代ギリシアでは、農民の抵抗闘争も起こっていたと伝えられています。キリスト教は、高利を自然の摂理に背くもの、いくつもの罪の責めを負うものとして排斥していました。

わが国では、中世の室町時代には、高利貸しに苦しめられていた農民による徳政一揆（土一揆）といわれる、債務の破棄を要求するたたかいがおこなわれました。江戸時代には、幕府の年貢増徴や領主の強制的な高利貸しなどに反発した農民が百姓一揆を起こして、さまざまな要求を実現するために立ち上がっていました。また、明治時代には、一八八四（明治一七）年に秩父事件といわれる、当時の高利貸しと支配者にたいする農民の激しいたたかいがおこなわれました。そのたたかいは、農民たちにとって、生きていくためのやむにやまれぬ、命をかけてのたたかいでした。

こうした民衆のたたかい、とりわけ埼玉県秩父地方における農民のたたかいの精神（世直しの理念）は、じつは今日における高利貸し付け問題にたいするたたかいにも引き継がれているのです。弁護士、司法書士、クレジット・サラ金被害者団体、福祉団体、消費者団体、労働組合などが中心となって取り組んできた高金利引き下げなどをもとめるたたかいは、大きな国民的運動に発展し、さきにのべたように、二〇〇六年に高金利の規制を柱とする改正貸金業法の成立を勝ち取りました。

今日における高利問題

しかしながら、それでも問題は、根本的に解決されたわけではありません。今日のわが国における高利問題は、「ルールなき資本主義」といわれる経済的、社会的な構造の問題と密接に関連しているからです。わが国の現状は、発達した資本主義国でありながら、国民のあいだに貧困と格差が広がっています。一九九〇年代半ば以降、新自由主義にもとづく大企業本位の経済政策が本格的に推進されたことによって、勤労者世帯の多くは、一方で収入が年々減少しているのにたいし、他方で支出は税金、家賃、教育費、健康保険料、介護保険料、医療費などの固定費が年々増大するなど、借金に頼らざるをえない状況に陥っています。しかも、その借金にかかわる現行利息制限法の制限利子率は、年利一五〜二〇パーセントの高水準のままになっています。

総務省が二〇一〇年二月二二日に発表した労働力調査によると、派遣やパートなどで働く非正規社員は、一九九八年に一一七三万人であったのが、二〇〇九年には一七二一万人となっています。これらの労働者の多くは、低所得者です。年収二〇〇万円以下の低所得者は、国税庁の民間給与実態統計調査によると、一九九七年に八一四万人（全体の一八パーセント）であったのが、二〇〇八年には一〇六七万人（全体の二三パーセント）に増えています。労働者の完全失業率は、二〇〇九年九月現在で五・五パーセント（三五二万人）です。とくに、若年層の完全失業率は、同年九月現在で、一五〜二四歳で九・八パーセント、二五〜三四歳で七・三パーセントと他の年齢層との差が著しくなっています。

二〇〇九年一〇月二〇日、政府は「相対的貧困率」（国民一人ひとりを可処分所得の高い順に並べたときに、その中央値の半分に満たない人の割合）を正式に公表しました。それによると、わが国の相対的貧困率は、二〇〇三年の一四・九パーセントから二〇〇六年には一五・七パーセントに上昇しています。これは、OECD（経済協力開発機構）諸国のなかで第四位に位置し、先進国のなかではアメリカに次いで第二位となっています。こうした実情を反映して、厚生労働省の国民生活基礎調査によると、生活が苦しいと感じている世帯の比率は、一九九七年で全体の四四・七パーセントであったのが、二〇〇八年には五七パーセントに上っています。

したがって、今日の高利の問題は、高利徴収および貸金業行為の法的規制と同時に、人びとの貧困問題、生活問題を解決する手立てが講じられなければ、根本的な解決にはいたりません。また、本来、国民の経済活動や家計を支えるべき大手銀行をはじめとする金融機関が、一方で高利貸しと癒着して貧しい人びとから搾取・収奪をし、他方で「マネーゲーム」にのめり込んで一攫千金の夢を追っているようであれば、国民の経済活動や生活は、立ち行かなくなります。

金貸しは果たしてなくならないか

だが、こうした状況があるにもかかわらず、言論界では、高利貸しやそこからの借り入れは、この世の中にお金があるかぎりけっしてなくならない、といったような考えが未だ跋扈《ばっこ》しています。たとえば、水上宏明氏は、『金貸しの日本史』において、借金は、人間の本性に関係しておこなわれる行為であって、いくら規制をかけてもみえないところで需要が満たされるとか、この世にお金があるかぎり、金貸しが必要とされ続けるのも事実であるとのべています。そして、かれは、金貸しはけっしてなくならないと結論付けています（『金貸しの日本史』新潮新書、二〇八〜二〇九ページ参照)。果たして、そうなのでしょうか。

　こうした見地は、まずもって事実に沿っていません。アメリカにおける高利の住宅ローンや学資ローン問題、個人の自己破産申立件数が年間一〇〇万件を超えている事実、またわが国においても、高利金融がらみの多重債務者が現在でも二〇〇万人以上も存在しているといわれている事実をみるならば、借金問題は、その背景には経済的、社会的、政治的な事情があるのであって、人間の本性に関係していることとして、簡単に片付けてしまってよい問題でないことは明らかです。ですから、そのような思考は、何より、やむなく債務をかかえて苦しんでいる人たちを愚弄《ぐろう》して差別する、許しがたい考えであり、人が人を搾取・収奪することを容認し、社会悪を肯定する議論にすぎません。

　そして、金貸しはけっしてなくならないなどと決めつけてしまうのは、社会および人間の行為は絶対に変わらないとする、極めて主観的で、保守的な考えです。それは、金儲けの強欲にしがみついて、よわい人びとから搾取・収奪をほしいままにしている人たちを喜ばす議論にほかなりません。高利貸しも、そして賭博行為と何ら変わらない銀行家の「マネーゲーム」も、それは、けっして自然な現象ではありません。それは、階級社会における腐敗にまみれた一部の人間の、いわば「強欲資本主義」にもとづく恣意的な振る舞いのあらわれにすぎないのです。

　今から二千数百年も前に、古代ギリシアの哲学者アリストテレスは、人間の賤しい欲望は飽くことを知らないもの、遂には無限に進んでいくものであるとのべました。そこで、かれは、欲する人たちにたいし、策を施して余分のものを取ることを欲しないような者にし、またそれができないような者にすることである、といいました。そして、かれは、そのことは可能であるといいました（『政治学』岩波文庫、九三ページ参考）。

今に生きる私たちは、古代と違って、「全世界の国民が、ひとしく恐怖と欠乏から免かれ、平和のうちに生存する権利を有すること」（「日本国憲法」前文）をかかげた立派な憲法を持ち、また国連憲章や世界人権宣言、国際人権規約など、平和と人権、民主主義にかかわる規範を持っています。こうした憲法や規範に反した行為が実際におこなわれているとするならば、それは、「人類普遍の原理」に反する行為として、やめさせなければなりません。

一部の人間の、搾取と収奪を目的とした強欲の振る舞いは、アリストテレスがのべているように、策の施しをすることができれば、やめさせることが可能です。実際、この世の中の動きは、ときには変化が後退することもあるけれども、また変化が、一見遅々としてみえる場合もあるけれども、良識を持った人びとの懸命な努力によって、少しずつより良き社会の方向に向かって動いています。社会は、私たち一人ひとりが力を合わせるならば、貧困と格差の問題などを克服して、高利貸しのない社会に、そして、すべての人びとが尊厳を持って安心して暮らしていける社会に、必ず変えることができます。

第1章　古代の哲学者は高利についてどう論じたか

1　サラ金業の「悪イメージ」を作った源流は古代哲学者だった？

二〇〇六年秋の第一六五回臨時国会において、出資法（「出資の受入れ、預り金及び金利等の取締りに関する法律」）でさだめている処罰上限金利の年利二九・二パーセントから二〇パーセントへの引き下げ（グレーゾーン金利の廃止）をはじめとする貸金業規制法等の一部改正案が可決・成立しました。このことは、消費者や中小零細事業者のあいだに広がっている、クレジット・サラ金や商工ローンなどの高利貸金業（高利貸し）による多重債務問題を防ぐうえで、大変な成果だったと思います。

ところで、この多重債務問題というのは、高利貸しをふくむクレジット産業が拡大するなかから発生している深刻な社会問題です。問題の本質は、貸金業者が「高金利」「過剰貸し付け」「苛酷な取り立て」などを特徴とする違法かつ非道徳的な貸金業行為によって、貧しい人びとから金を収奪し、そうした人びとをいっそう困窮状態に陥れていることにあります。したがって、人びとのあいだに、この高利貸金業にたいする、またそれを許している政治や行政にたいする批判の声が上がるのは、当然のことです。

貸金業の正当化の理論付け

一方、その貸金業者の方はといえば、かれらは近年、自らの業界の権益を守りそれを拡大するために、さまざまなことをやり出しました。かれらは、たとえば業務拡大の点でいえば、同業種・異業種間の連携、とりわけ銀行資本との資本提携をはじめとする協力関係をつよめ、また世論からの批判などにたいしては、貸金業の正当性をアピールするための理論化に力を入れ出しました。

この理論化の点での最近の例をあげれば、業界は上限金利規制の見直しが中心課題となった国会審議に当たって御用学者などを総動員し、「消費者の保護」のためには上限金利規制の緩和または撤廃が必要だとする欺瞞的な理論化をくわだて、執拗な論陣をはりました（このことについては、第5章「市場原理主義とクレジット・サラ金」をご参照ください）。また、その前には、サラ金業者のアコムが、フランスの個人向け貸付企業セテレム社の役職員ラブリュイエールとヘルピの共著『消費者クレジットの世界史』（社団法人金融財政事情研究会刊）という書物を訳出して発行し、クレジット産業、なかでもサラ金の理論的イメージチェンジに乗り出しました。

この『消費者クレジットの世界史』は、古代の高利貸しも、そして現代の高利貸しも「消費者クレジット」と称することで、その貸金業を合理化するために書かれた本です。著者らは、本書の目的は「消費者クレジット」にたいする否定的なイメージの撤去に寄与することだとのべています。

否定的なイメージというのは、たとえばダンテからゾラまで、シェイクスピアからディケンズまで、あるいはガルドスからバルザックまでの文豪の小説に登場した、青白く、意地悪で、欲が深い高利貸しのイメージのことです。著者らは、こうした暗いイメージを払拭して、現代の貸金業は変わったんだ、現代の「消費者クレジット」には社会に果たすべき立派な役割（社会統合力と経済成長への貢献）があるんだといったイメージを消費者に持ってもらいたいというわけです。そのために著者らは、専門家としてのアイデンティティをもとめる歴史の探求に旅立って、つまりは、自分たちの仕事（貸金業）の起源に戻って本書を書いたといいます。

貸金業に対する最初の哲学的糾弾

その歴史の探求で著者らは、まず最初に、貸金業についての悪いイメージを作った源流に出会います。それは、古代ギリシアの哲学者プラトン（前四二七―三四七）とアリストテレス（前三八四―三二二）の、利子付き貸し付けにたいする最初の哲学的糾弾（非難）でした。

プラトンやアリストテレスの思想が後世の人びとの思想に大きな影響を与えたことは、いうまでもありません。利子付き貸し付け（高利貸し）にかんする二人の論述も、同様です。かれらの高利にたいする非難は、けっして今日の社会経済学的な見地――剰余労働から生み出された利潤を収奪することの不当性の追及――と同じような観点からおこなわれていたわけではありませんが、そこには一定の倫理的な観点からの考え方が貫かれていました。

ですから当然、現代の高利の貸金業者たち自身が二人の哲学者の論述をみれば、かれらにとっては、合点がいかないことになります。そのことは、『消費者クレジットの世界史』の著者らにとっても同様です。著者らは、プラトンは倫理的考慮よりも、むしろ商業にたいする生来の卑しみと嫌悪の見地から利子付き貸し付けをみていたとか、アリストテレスは金貸しを軽蔑に立脚して非難していたなどとのべて、二人の哲学者について忌み嫌った評価をしています。

そこでここでは、古代の哲学者プラトンとアリストテレスは、高利について、いったい何を語っていたのかということを、古代社会における高利の問題を概観したうえで、さらにはわが国における高利の問題も念頭におきながら多少考えてみたいと思います。

2　平民を債務奴隷にした用のない貸し付け——民衆の非難の始まり

古代のバビロニア・ギリシア・ローマ

歴史をかえりみると、高利の問題はずいぶん古くから起きていて、古代社会までさかのぼります。そのことは、たとえば啓蒙思想を唱えたモンテスキュー（一六八九—一七五五）が『法の精神』（第四部第二二編第二二章）において、ローマでは貸し借りのまじめな手段は廃止され、恐るべき高利が、何度撃退されても生き返ってきて、そこに根をおろしていたとのべています。マルクス（一八一八—一八八三）もまた、『資本論』（第三巻第五編第三六章）において、古代ローマでは手工業が古典古代の平均的発展よりもはるかに低い水準にあった共和制後期以来、商人資本、貨幣取引資本および高利資本は——古典古代的形態の範囲内で——その最高点に達していたとのべています。

こうした高利の問題は、ローマ以外でも、たとえば古代のメソポタミアやギリシアでも程度の差こそあれ、同じように起こっていました。

メソポタミアでは、古代バビロニアの王ハンムラビ（在位・前一七二八—一六八六）が公布した全二八二ヵ条の「ハンムラビ法典」によって、高利などについての管理がおこなわれ、借金の返済ができない農民には救済（特別救済措置）の手もさしのべられていました。農民は、

「法典」の四八条で、洪水や水不足に見舞われた年には元利金を支払う義務はないとされていました。七一条では、固定利子（穀物〔大麦〕の貸し付けは年三三パーセント、銀貨の貸し付けは二〇パーセント）を超えて利子を取った債権者にたいし、その債権を失わせる罰を与えていました。

また、マックス・ウェーバーの『古代社会経済史』によると、貴族が支配していた古代ギリシアのメガラにおいては、債務を負った農民の金貸しにたいする抵抗があって、支払われた利子の債務者への払い戻しがされていました。今日、わが国でおこなわれている、過払い利子（不当利得金）の返還のようなことが、すでに古代ギリシアでおこなわれていたのです（農民の金貸しにたいする抵抗については、後述の「補論　古代ギリシアにおける農民の金貸しに対する抵抗」をご参照ください）。

古代ギリシアでこのようなことが起こっていたのは、高利貸しが横行しそれにたいする民衆の憎悪が非常に高まっていたからです。とりわけ相隣接する商業都市メガラとアテナイでは、農民が深刻な債務に陥っていました。その背景には、土地所有が基礎であった古代ギリシアでは、土地がしだいに取引の目的物となって、抵当という観念があらわれ、土地を抵当にして高利の貨幣を借りる農民が増大していたという事情がありました。

今日の高利と古代の高利

今日の社会でいわれている利子というのは、貨幣の借り手が貸し手に支払う貨幣使用料（本質的には労働者が生み出す剰余価値が転化した利潤の一部が自立化したもの）のことです。その利子は、一般的には貸し付けを受けた産業資本家または商業資本家がその借入金を投資し、労働者を搾取してえた利潤のなかから支払われます。したがって、利子率は、利潤率よりも低いのが普通です。ところが高利の場合は、マルクスが『資本論』（前掲同章）において指摘しているように、利子という形態で、生産者たちの必要最小限の生活手段（労賃の額）を超えるすべての剰余（利潤および地代の額）をのみ込んでしまうこともありうるのです。今日の高利商工ローンによる収奪は、その典型例です。

このことは、古代社会においても同様です。当時の高利貸しは、貸し手であった貴族による、借り手であった浪費家の貴族、土地所有者、奴隷所有者、小生産者、商人、そして農民などにたいする貸し付けと収奪によって成り立っていました。たとえば、奴隷所有者の場合は、奴隷や土地などの購入を通じて他人の労働を取得する手段として貨幣を必要としていました。また、商人の場合は、貨幣を資本として使用して商業利潤を作るために、貨幣を必要としていました。

古代の高利と現代の高利の一番の違いは、古代の方が極めて略奪的であったという点にあります。古代社会は、信用制度がそれなりに確立した現代の社会と違って、金貸しが高利貸し以外に存在せず、さらにはその高利貸し自体が社会で支配的地位をしめていたからです。

ローマの貴族たちの高利貸し付け

マルクスは、ローマの貴族たちは平民である農民に銅（貨幣）を貸し付けては法外な高利を搾り取って、自分たちの倉庫をその略奪した銅でいっぱいにしていたとのべています。そしてその結果、略奪を受けた平民のあいだでは、飢餓《きが》のために子どもや自分自身を奴隷として富裕な人たちに売るようなことがしばしば起こっていたとのべています。

「ローマの貴族たちが平民たちを破滅させた戦争、すなわち、平民たちがその労働諸条件を再生産することをさまたげ、それゆえ彼らを貧困化させた（中略）軍務を彼らに強制したこの同じ戦争が、貴族の倉庫や地下室を当時の貨幣である略奪した銅でいっぱいにした。貴族たちは平民たちにたいして、彼らに必要である穀物や馬や有角家畜を直接与える代わりに、自分自身にとっては用のないこの銅を平民たちに貸し付け、この状態を利用して法外な高利をしぼり取り、こうして平民たちを自分たちの債務奴隷にした。（中略）ローマ帝国では、周知のように、飢餓のために自由民が子供や自分自身を奴隷として富裕な人たちに売るようになることがしばしば起こった」（『資本論』新日本出版社、新書版⑪、一〇四六ページ）

古代社会では、このように悲惨なことがおこなわれていたわけですから、高利にたいする非難の声が起こっても不思議ではありませんでした。実際、ローマ時代に先行する古代ギリシアでは、すでに指摘したように、哲学者のプラトンやアリストテレスが高利貸しを戒める論述をおこなっていました。また、ローマ時代の政治家や学者たち、たとえばカトー（前二三四―

一四九）、キケロー（前一〇六―四三）、セネカ（前四―後六五）なども、同じように高利貸し付けを非難していました。ただし、学者たちの高利貸しにたいする非難は、利子を取ること自体にたいして向けられたのか、それとも利子が高いということに向けられたのか、その趣旨が不明なものが多く、主として学者の非難するところは、富んでいる者が貧しい者から利子を搾り取るのは不当であるということにあった、といわれています。

補論　古代ギリシアにおける農民の金貸しに対する抵抗

マックス・ウェーバーは、『古代社会経済史』のなかで、古代ギリシアのメガラにおける農民の金貸しにたいする抵抗について、つぎのようにのべています。「本来《革命的》なのはどこにおいても債務を負った農民である。メガラにおいても、農民の政治的革命の過程において、制限された（そして特徴的な）重荷おろしが遂行された。すなわち、債権者に支払われた利子の払い戻しがそれである」。

真相は、ウェーバーによると、債務に苦しむ農民が商業の発展につれて大量に発生した新興の商人（新門閥＝羊毛製品の商売人）と提携して、貴族＝高利貸しに対抗するというようなことが起こったことでした。新興の商売人が輸出で扱っていた羊毛製品は、貴族の羊群からとった羊毛を原料として、貴族が経営する仕事場で製造したものでした。そのため、商売人たちと貴族のあいだに何らかの軋轢《あつれき》があって、商売人たちは平等の権利を獲得するために、農民と提携して貴族に対抗したというわけです(『古代社会経済史』東洋経済新報社、二二二～二二三ページ参照)。

それにしても、古代社会において、農民の高利貸しにたいする何らかの抵抗があったことは、おどろくべきことです。しかも、ウェーバーが「本来《革命的》なのはどこにおいても債務を負った農民である」と明確にのべていることは、かなり示唆的です。というのは、わが国においても、時代はへだたっているものの、封建制社会であった室町時代や江戸時代、また資本主義草創期に、それぞれ徳政一揆(土一揆)、百姓一揆、秩父事件などの形で高利貸しの収奪と支配権力の横暴にたいする農民の抵抗が展開されたからです。

3　貨幣は子を生むものではない——アリストテレス

アリストテレスは『政治学』(第一巻第一〇章)において、貨幣は子を生むものではないから、貨幣そのものから子をえようとする貸し付けは自然に反すると説いていました。

「憎んで最も当然なのは高利貸である。それは彼の財が貨幣そのものから得られるのであって、貨幣がそのことのために作られた当のもの〔交換の過程〕から得られるのではないということによる。何故なら貨幣は交換のために作られたものであるが、利子は貨幣を一そう多くするものだからである（ここからして利子という名も出て来たのである。何故なら生れたものそれ自らが生んだものに似ているからである、利子は貨幣の子たる貨幣として生れるのである）、従ってこれは取財術のうちで実は最も自然に反したものである」（『政治学』岩波文庫、五七ページ）

ここには、貨幣を仲立ちに高利をえて財を獲得することは善い生き方ではなく、非難されて当然だという倫理的な考え方が示されています。その理由の一つは、かれが『ニコマコス倫理学』（第五巻第五章）においてのべているように、そもそも貨幣は交易されるべき事物を比較計量する目的で、したがってまた交易の仲介者の役割のために作られたものであると考えていたことにありました。

二つ目の理由は、かれのポリス共同体にたいする基本的な考え方にありました。いうまでもなく、アリストテレスの政治学または倫理学は、ポリス共同体とそのなかの人間の問題に主題がありました。かれの学説によると、共同体は、人間にとって自然そのものだったのです。したがって、高利貸しは、その共同体の人間関係を、いわば外部から貨幣をもちいて破壊する（同じ共同体の人間から高利を取り立てる）行為、すなわち自然に反する行為にほかならなかったのです。「憎んで最も当然なのは高利貸である」といっていることには、そういう意味合いが込められています。

少し余談になりますが、アリストテレスの高利にかんする考え方は、後の時代に大きな影響を与えています。ここでは、二つの例を紹介しておきたいと思います。

その一つは、共同体（宗教・民族など）の人間のあり方にかかわる考え方で、アリストテレス時代後のユダヤ教およびキリスト教の教理においてみられます。旧約聖書では、「同胞には利息を付けて貸してはならない。銀の利子も、食物の利子も、その他利子が付くいかなる物の利子も付けてはならない」（申命記二三章二〇節）、「もし、あなたがわたしの民、あなたと共にいる貧しい者に金を貸す場合は、彼に対して高利貸しのようになってはならない。彼から利子を取ってはならない」（出エジプト記二二章二四節）と書かれています。この「同胞」または「わたしの民」は同じ共同体の「仲間」を意味しており、したがって仲間から利子を取ってはならないとされたのです。

二つは、利子についてのアリストテレス的考え方で、それはシェイクスピアの作品にあらわれています。かれは、『ヴェニスの商人』のなかで、高利資本の人格的担い手としてのシャイロックに「俺は金銀にも子を生ませる」と語らせ、さらに「利息はいわば神様からのお恵み」だとまでいわせています。かれは、高利資本の論理を、アリストテレス的考えを逆説的に駆使して表現しているのです。ですからこの話には、古代の学者の利子にかんする問題意識が色濃くあらわれています。『ヴェニスの商人』は、まさに古代社会に精通していたシェイクスピアならではの作品の一つだといえます。

4　不正の責任は貸した者にある――プラトン

プラトンは、アリストテレスが利子についての自説をのべた以前に、すでに利子問題を説いていました。かれは、『国家』（第八巻）において、金貸しや利子などについてつぎのようにのべています。

「金を儲けている者たちは、身をかがめて仕事に熱中し、そうした貧乏人たちのことは目にも入らぬふりをして、その他の人々のうちに言うことを聞く者があれば、そのつど金銭の毒針を刺しこんで傷をつけ、そして親金の何倍もの利息を取り立てては、雄蜂と乞食を国のなかにますます生みふやして行くのだ」（『国家』岩波文庫（下）、二〇〇ページ）

「もし多くの任意の貸借契約は、貸すほうの者自身の危険負担において契約するように命じるとしたら、その国では、恥しらずな仕方で金儲けをすることがもっと少なくなるだろうし、いまわれわれが語っていたような禍いが国のなかに生じることも、もっと減ることだろう」（同書、二〇一ページ）

プラトンのこの論述は当時、支配者であった寡頭制的人間（金持ち）の悪党ぶりを告発するという文脈のなかでなされたもので、民主制国家（国制）のあり方の議論の一部です。ここに出てくる金を儲けている者たちというのは、それ以外のことにはいっさい心を向けない人間で、財産を買いあさったり、金を貸したりして富を増やしている人間のことです。一方、貧乏人たちというのは、ある者は借財を背負いこみ、ある者は市民権を奪われ、ある者はその両方の目にあって乞食に追いやられていた人びとです。

プラトンが生まれた古代ギリシアのアテナイは、一般的には自由民の共同体としてのポリスを極限にまで展開した「民主政」がおこなわれていた社会であったといわれています。しかし、この共同体は、文字通りの民主制政治社会ではありませんでした。ポリスの基本的な特色が、奴隷制のうえに成り立っていた社会であったと同時に、政治の実質が寡頭制だったからです。ですからこのような社会の実体は、プラトンからみると、支配しているのはまさに寡頭制的な人間であり、かれらが多くの富を所有して正義に反するおこないをしていた社会であったのです。

プラトンの金銭の貸借についての論述で輝いている点は、二つあります。一つは、いわば強者が弱者を高利で食い物にしていることを正義に反する不正として告発したことであり、二つは、これは極めて注目すべき点ですが、貸し手の「危険負担」、すなわち責任について明確にのべていることです。

この二つ目の貸し手の責任という考えは、相手を信じて貸した金が返ってこなくても、その不正の責任は貸した者自身にあるから、借り手は罰せられないという趣旨の、紀元前六世紀の立法家カロンダスがさだめた法が根拠になっているといわれています。プラトンは、この貸し手の責任について最晩年の著作である『法律』（第五巻第一二章）のなかでも、「信用のおけない人に金を預けることも、利息をとって貸すことも、すべきでない。借りた者は利息も元金も、ぜんぜん返さないでもよいのである」とのべています。

プラトンの論述で重要だと思われる点は、この貸し手の責任を国制のあり方の問題として考えていることです。かれは、『法律』（前掲、同章）において、貸し手の責任は国家にとっておこなわれるべき最善のしきたりであると明言しています。この「しきたり」ということは、以前からのならわし、つまり慣例という意味です。プラトンは、金貸しによって起こっている問題を単なる高利貸しの責任として考えるのではなく、民主制国家の問題として捉えて、立法者である政治家にたいし不正な手段による金儲けの禁止措置をとること、すなわち民主制政治のあり方の見直しをもとめていたのです。

このプラトンの考えは、じつは今日のわが国でも問題となっている金融機関や貸金業者の「貸手責任」と国政のあり方の議論に通じることです。

5　債務を負った奴隷所有者はより多くの血を吸う――哲学者の倫理観の限界

二人の哲学者は、高利の問題にかんして多くは語っていません。しかし、かれらの論述は、高利貸し付けについて少なくとも一定の倫理的な価値判断を与えている点において、先駆的な値打ちを持っています。さらには、プラトンの場合は国制のあり方の観点から、アリストテレスの場合は貨幣の本来的な役割の観点からの問題提起をしている点で、かれらの論述は、積極的な意味を持っています。

奴隷制度については容認

加えてふれておけば、二人の哲学者の倫理観には、これまでみてきたような積極的な面がある一方で、それとは矛盾している面もあります。人間の善や徳を説いて倫理を誰よりも重視していたかれらですが、じつは人間の不平等の典型である奴隷制度についてはそれを容認していたのです。たとえば、アリストテレスは、貨幣を貸し付けて財を獲得するような取財術＝商人術は非難されて当然だが、主人と奴隷の主従関係の家政術は人間にとって必要で欠かせないことだ、といって奴隷制を正当化していました。かれは、奴隷は主人の「生ある所有物」「優れた道具」であるとみていたのです。

「奴隷の自然〔本性〕は何であるか、そしてその能《はたら》きは何であるかということは明らかである。すなわち、人間でありながら、その自然によって自分自身に属するのではなく、他人に属するところの者、これが自然によって奴隷である、そして他人に属する者というのは人間でありながら所有物であるところの人間のことであり、所有物というのは行いのための、しかもその所有者から独立な道具のことである」（前掲『政治学』、三九ページ）

現代の民主主義の観点からみれば、古代のギリシアにおいては高利の借金の返済ができないために、真の奴隷と同様の身分的境遇＝債務奴隷に陥った農民などが大勢生まれていたわけですから、哲学者たちには奴隷制の問題も、大きな倫理問題として提起してほしかったと思えてなりません。

しかし、現実は歴史的制約によって、学者の関心は、そうはならなかったのでした。この時代には、労働は侮蔑的な一面を持ってみられていて、仕事をするのは奴隷の役割であるとされ、人間労働の不平等が公然と認められていたのです。人間労働の平等性――どんな仕事をしていようと、人間の労働は平等な値打ちを持つという労働観の実現は、マルクスも『資本論』（第一部第一編第一章）においてのべているように、人間の平等の概念が民衆の共通の認識になったときにはじめて可能になるのです。

ですから、人間の平等の概念が常識になって奴隷制度が廃止されるのは、一七〜一八世紀に啓蒙思想*が生まれ、自由・平等・博愛の原則が支配する民主主義の理念が定着して、奴隷制を悪とする道徳的運動が発展するときをまたなければなりませんでした。

＊　領主・農奴主の階級支配を打ち倒して資本主義の発展に道をひらいたイギリスのブルジョア革命と共に生まれ、フランス革命を思想的に準備した反封建的、反カトリック教会的な思想運動。

労働の平等性に対する労働観と高利問題

この人間労働の平等性にたいする労働観は、じつは高利の問題と無関係ではありません。高利の本質は、人間労働によって作られた所得または利潤の収奪であるからです。高利は、借り手が自ら労働する農民や手工業者などの場合はかれらの所得の収奪によって、奴隷や労働者からの搾取で成り立っている生産者などの場合は剰余労働から生まれる利潤の収奪によって形成されています。

この高利による収奪は、奴隷制が支配していた社会においては、悲惨なことが多々起きていました。たとえば、マルクスは『資本論』（第三部第五編第三六章）において、債務を負った奴隷所有者もしくは封建領主はかれ自身が高利貸しからより多くの血を吸い取られるので、奴隷からより多くの血を吸い取っていたとのべています。

「奴隷制が支配している限り、または、剰余生産物が封建領主とその従士団によって食い尽くされ、そして奴隷所有者または封建領主が高利貸しの手におちいっている限り、生産様式もまた同じままである。ただその生産様式が労働者たちにとっていっそう苛酷になるだけである。債務を負った奴隷所有者もしくは封建領主は、彼自身がより多くの血を吸い取られるので、より多くの血を吸い取る」（『資本論』新書版⑪、一〇四二ページ）

奴隷は、剰余労働をいわば二重に搾取されるという、じつに苛酷な状態におかれていたのです。しかし、プラトンとアリストテレスは共に、利子の問題を人間労働の平等性の労働観に立脚した観点からみることはできませんでした。つまりかれらは、高利が人間労働によって生まれた所得または利潤の不当な収奪であることを見抜くことができなかったのです。

その点をアリストテレスについてみると、かれは貨幣形態の議論のなかで、この人間労働の概念の発見まであと一歩とせまるところまではいっていたのです。かれは、『ニコマコス倫理学』(第五巻第五章)において、事物の交易は両方の均等性なしには成立せず、貨幣はあらゆるものの均等性を計量する尺度としての役割を果たすとのべていました。マルクスは、『資本論』(第一部第一編第一章)の商品の等価形態を論じたなかで、このアリストテレスの知見にふれ、諸商品の価値表現のうちに一つの同等性関係を発見している点において、かれを天才と称しました。しかし、マルクスは同時に、アリストテレスはかれが生きていた社会の歴史的制約にさまたげられて、この同等性関係がいったい本当はなんであったかを見出すことができなかったと評しています。

かくして、事物の交易での同等性関係について、そして所得や利潤、したがってまた利子の源泉について、その正体である人間およびその労働力の価値という概念を発見できなかったアリストテレスは結局、高利の問題において、倫理的観点からの非難以上の議論ができなかったのです。かれにとっては、それを本当におこなうことになれば当然、人間労働の不平等の典型である奴隷制を正当化していた、自らの持論(家政術論など)の修正をせまられたわけで、そのようなことは到底考えられなかったことなのです。

6　言葉ではなく行動が問題なのだ——哲学者から受け継ぐもの

このように二人の哲学者の高利の問題にかんする論述には、歴史的な制約によって限界がありました。しかし、このことはかれらの高利非難の議論の意義をけっして低めるものではなく、かれらの論述は、今から二千数百年も前に、高利の問題について一定の倫理的な価値判断を与えている点において輝いています。しかもそこには、つよい怒りや断固たる姿勢が込められています。

この断固とした姿勢は、プラトンでいえば、藤沢令夫著『プラトンの哲学』によると、かれの師であったソクラテス（前四六九—三九九）の遺志に動因があります。ソクラテスは、不正な死刑を判決された法廷において、「金や評判・名誉のことばかりに汲々としていて、恥ずかしくないのか。知と真実のことには、そして魂をできるだけすぐれたものにすることには無関心で、心を向けようとしないのか？」（『ソクラテスの弁明』）と訴えています。

このソクラテスの訴えは、自分を告発した訴人たちを背後からささえる、ひたすら金と名誉への欲望によって動いている人びとの日常的現実を、アテナイ市民に向かって逆に告発し返すことでした。プラトンは、ソクラテス亡き後、師の不屈の志を継いで、ソクラテスがたたかった同じてごわい相手にたいして、哲学者としての思想的たたかいに立ち上がっていたのです。

そこで今、私たちが生きている現存の社会をみれば、金と利己的利益への欲望によって動いている人びとの日常的現実は、おそらく古代社会とはくらべようがないほど、広汎に広がっています。そうした欲望によって動いている人びとのなかには、クレジット・サラ金などの高利貸しもふくまれています。かれらは依然として、法的規制などが進むなかでも、テレビCMを使うなどしてまやかしの宣伝をおこない、弱者からの収奪を公然とおこなっています。高利貸しは、どんなに時代が違っても、また『消費者クレジットの世界史』の著者らがおこなったように、どんなに善良な貸金業を装ったとしても、その本性は変わりません。

一方、今日のわが国は、人びとのあいだに貧困と格差が広がり、福祉が相次いで削られるなかで、自殺者が毎年三万人を超え、生活保護の給付を打ち切られて餓死者が出るなど、勤労者の生活や中小零細事業者の経営は厳しさを増しています。是正は、急を要しています。

そういう現状を考えると、私は、古代社会の哲学者たちの知見や精神を、歴史的、批判的に学び取るならば、それを貧困者が出ない社会、高利貸しのない社会を築くための知力の一助にしていくことができるのではないかと思います。

終わりにあたり、哲学の目的と効能を説いたローマの哲人セネカの言葉の一つを紹介して、本小論のしめくくりとします。

「哲学は群衆をとらえる策略でもなく、見世物でもない。言葉ではなく、行動が問題なのだ。気の利いたおしゃべりで一日を過ごさせるためのものでもなく、のらくら生活から退屈をはらうためにあるのでもない。哲学は精神を鍛え、形成する。人生を秩序づけ、行動をみちびき、為すべきこととやるべきでないことを示す。舵取り席に坐って、大波に揺さぶられる航海のあいだ、我々のコースを定める。哲学がなかったら、誰も恐怖なく生きることも、安心して生きることもできない。数限りないことが刻々に起って助けを求めるが、求めるところは哲学のほかにはないのだ」(中野孝次著『セネカ現代人への手紙』七五ページ)

第2章　高利貸しの諸形態——古代から現代まで

マルクスは、高利資本にとって必要なのは諸生産物の少なくとも一部分が商品になり、同時にまた、商品取引と共に貨幣がそのさまざまな機能において発展してきていることだけであるとのべています。そして、さらに高利は職業的な貨幣蓄蔵者が高利貸しに転化してはじめて重要な意味をもってくる、とのべています。そのうえで、マルクスは、高利資本が実存する特徴的な諸形態を、「借り手の姿態」の変化に合わせて、つぎの三つの形態にわけて考えていました。

第一は、資本主義的生産様式以前の諸形態で、そこにおいては二通りの形態がみられます。その一つは、浪費家の貴族たち、本質的には土地所有者たちへの貨幣貸し付けによる高利であり、二つ目は、自分自身の労働諸条件を所有している小生産者たちへの貨幣貸し付けによる高利です。後の方の高利には、手工業者が、そしてまったく特有のものとして農民がふくまれています。

第二は、商人への貨幣貸し付けによる高利です。商人が貨幣を借りるのは、貨幣を使用して商業利潤を作るため、つまり資本として支出するためです。この形態は、第一形態のように古風ではなく、あたかも近代的資本家に貨幣貸付業者が相対しているのと同じ形態をとっています。

第三は、資本主義的生産様式が発生し、発展するなかで確立した近代的信用制度のもとでの貨幣貸し付けに伴なう高利です。たとえば、質屋で個人的必要から借り入れがおこなわれる場合であるとか、享楽的富のために浪費用に借り入れがおこなわれる場合、または、生産者が小農民、手工業者などの非資本家的生産者であり、したがってまた直接的生産者として自分自身の生産条件の所有者である場合、最後に、資本家的生産者自身が自ら労働する生産者に近いような小さな規模で仕事をしている場合には、貨幣貸し付けは、資本主義的生産にみられるような利子生み資本の形態としてはおこなわれず、高利資本の形態としておこなわれます。つまり、近代的な金融機関の貸付対象外に置かれた借り手にたいする高利貸付形態です。この形態は、資本主義的生産様式確立後における高利貸しの残存形態ともいわれています（『資本論』新書版⑪、一〇三六～一〇四九ページ参照。この三つの形態については、渋谷隆一編『サラリーマン金融の実証的研究』日本経済評論社、六～七ページも参照）。

ここでは、マルクスが指摘した高利資本が実存する三つの諸形態を手がかりにして、古代から現代にいたる高利貸し付けの実態や問題点について、断片的にではありますが、垣間みておきたいと思います。

1 「ハンムラビ法典」と利子問題

「法典」の性格と内容

「ハンムラビ法典」は、紀元前一七二八年から一六八六年にかけて、古代バビロニアのバビロン第一王朝の第六代王として君臨したハンムラビ王によってメソポタミアで発布された成文法典です。

この「法典」を記した円柱は、* 一九〇一―一九〇二年フランスの発掘調査隊によってイスラムの古都スサ（現在のイランの南西部）で発見されました。円柱は元来、シッパル市に建てられていたのですが、エラム王シュトゥルク・ナフンテ一世（前一二世紀）がバビロニアを攻略したさいに、戦利品として奪ったものです。

＊ 円柱は、高さ二二三センチメートル、直径六一センチメートルの黒色セン緑岩で造られたもので、上部に王が正義の神である太陽神シャマシュから法典を授かる所が描かれ、その下部に表裏合計約三〇〇〇行の楔形文字が刻まれています。この文字が、「ハンムラビ法典」です。

メソポタミアは、チグリス川とユーフラテス川にはさまれた、アルメニア高原からペルシア湾にわたる地域（現在のイラク地域）で、エジプト文明などとならぶ世界最古のアッシリア文明およびバビロニア文明の発祥地です。そのイラクでは、二〇〇三年三月二〇日のアメリカの侵略戦争開始後、アメリカ軍の扇動によって略奪がはじまり、博物館の一万三五〇〇点余りの収蔵品が盗難にあい、遺跡も破壊されたといわれています。イラクの国立博物館には古代の文化遺産が多数収蔵されていたのですが、「ハンムラビ法典」が書かれた円柱は、フランスのルーブル美術館が所蔵していたため、難をのがれることができました。

『古代オリエント資料集成1・ハンムラビ「法典」』によると、「ハンムラビ法典」は、かつては「世界最古の法典」とよばれていましたが、その後の研究により、第三王朝の創設者ウルナンム（前二一一二―二〇九五）の「ウルナンム法典」やイシン王国のリピト・イシュタル（前一九三四―一九二四）の「リピト・イシュタル法典」、そして「ハンムラビ法典」よりやや古い「エシュヌンナ法典」などの伝統を受け継いでできあがった、といわれています。また「ハンムラビ法典」の性格は、立法（法律の条文）ではなくて判決集であり、したがって法的拘束力を持たなかったが、模範的判決例を教えてくれる手本あるいは手引書としての重要な役割を持っていた、などといわれています（『古代オリエント資料集成1 ハンムラビ「法典」』リトン、まえがき、一五九～一六三ページ参照）。

ともあれ、「法典」には、つぎのような社会経済生活の全体にわたる実定法的規定の内容——当時の裁判、犯罪、被害者の救済、兵士、社会構成、農業、商業、結婚、家族、遺産相続その他にかかわる事例――が、およそ八部にわかれてさだめられていました。
（1）総則（第一～五条）審判法、試罪法、偽証
（2）盗罪（第六～二五条）窃盗、誘拐、強盗、火事場泥棒
（3）軍人・官吏の義務と家禄（第二六～四一条）（国有財産と封建制度）
（4）農業法（第四二～六六条）小作の賃借、融資と債務弁済
（5）商業法（第九〇～一二六条）貸借と利子、行商人と小売商人、居酒屋、依託品と差押え、負債と負債奴隷、供託と紛失
（6）家族法（第一二七～一九三条）a家族、結婚、離婚、妾の地位、妻の財産、姦淫、尼僧の結婚（第一二七～一六一条）、b持参金、財産分与、相続、廃嫡、庶子、奴隷と自由民の結婚およびその場合の財産分配、未亡人ないし尼となった娘の財産分配上の権利など（第一六二～一八四条）、c養子（第一八五～一九三条）
（7）傷害と傷害致死（第一九四～二一四条）
（8）職業法（第二一五～二八二条）医者、獣医、床屋、建築家、造船者、船頭、家畜の貸借と補償、労働者、職人、舟・車の賃金、奴隷の売買
ハンムラビ王は、この「法典」によって貴族（アモリ族）、平民（バビロニア人）および奴隷の階級構成を法制化し、それまで司祭・神殿が独占していた司法権をも国家に回復するなどして、アモリ族を基幹とする一種の種族的・中央集権的封建制を確立し、バビロニアを統一し

て征服しました。そして、その勢力範囲は、エラム、アッシリア、シリアなどメソポタミア北部の一部にまでおよび、バビロニア文化の黄金時代を築きました（『世界大百科事典25』平凡社、三〇一ページ参照）。

農民に対する融資に関する規定

「法典」の規定は、主に市民と商人を対象としていましたが、商人による農民にたいする融資（フブッルム・ローンといわれる大麦または銀貨による貸し付け）にかんする条項（第四七～五二条）もいくつかふくまれていました。この時代の貸借における「借り手の姿態」は、主として農民でした。「法典」は、いわば最古の融資にかんする規定だったのです。したがって、「法典」は、人類にとっての最初のウスラ*（Usura）管理の法律だといわれています。このフブッルム・ローンとよばれたタイプの利子率は、「法典」では大麦による融資の場合は年利三三パーセント、銀の融資の場合は二〇パーセントでした。当時の実勢からして、大麦ローンの方が銀ローンより利子率が高くさだめられていました。

＊　ウスラとは、貸し付けと引き換えに、貸し付けられた財自体を超過して要求されるいっさいのことをいうといわれています（ジャック・ル・ゴッフ著『中世の高利貸―金も命も―』法政大学出版局、二五ページ参照）。

農民にたいする融資にかんする主な条項は、以下のとおりです。

第四八条 もし人がフブッルム・ローンを負っていて、アダド（嵐）が彼の耕地を水浸しにしたか、洪水が耕地（の作物）を流してしまったか、あるいは水不足で大麦が耕地に実らなかったなら、彼は、その年は、彼の債権者に大麦を返済しなくてよく、彼の文書（債務証書）を（一部変更のため）水で湿すことができる。彼はまたその年の利息を与えなくてよい。

第四九条 もし人が商人から銀を借り受け、大麦あるいはゴマ用に耕された耕地を（担保として）商人に与え、「耕地に種を播き、実った大麦あるいはゴマを収穫し、持っていきなさい」と言い、もし小作人がその耕地に大麦あるいはゴマを実らせたなら、収穫時に耕地の所有者がその耕地に実った大麦あるいはゴマを取り、商人から借り受けた銀とその利息および農作業の経費に見合う大麦をその商人に与えなければならない。

第五〇条 もし（その人が）〈大麦が〉播かれた耕地あるいはゴマが播かれた耕地を与えたのなら、耕地の所有者が耕地に実る大麦あるいはゴマを取り、銀とその利息を商人に返済しなければならない。

第五一条 もし彼に返済する銀がない場合は、彼が商人から借り受けた銀とその利息に見合う〈大麦あるいは〉ゴマをその相場にしたがって、王の勅令通り、商人に与えなければならない。

第五二条 もし小作人が耕地に大麦あるいはゴマを実らせなかったとしても、［彼（商人）は］

彼の契約を変更してはならない。

第七一条　……もし商人が銀ローンの利息を増し、一クルにつき（銀で）六分の一シキルと六粒（三六粒）（を越える）大麦の利息を取ったなら、彼が与えた物は何であれ失わなければならない。

第四九条から五二条は、農業債務条項といわれ、農民が耕地の作物（主に大麦とゴマ）を担保として商人から貨幣（銀）を借り入れた場合の規定です。第四九条は、大麦あるいはゴマ栽培用に耕されたがまだ播種がおこなわれていない耕地を「耕地に種を播き、実った大麦あるいはゴマを収穫し、持っていきなさい」という条件で商人に与えた場合です。この場合は、債権者である商人が、人を雇って播種をおこない、収穫時に債務者の農民が収穫し、収穫物のなかから借りた銀と利息と播種作業に要した労働に見合う報酬を商人に支払うというものです。

第五〇条は、債権者である商人に与えたのは作付けの終わった耕地で、返済に当たっては、播種作業の報酬を支払う必要はありませんでした。この条項の場合、返済は、銀でおこなわれることになっていました。

第五一条は、第五〇条の続きで、返済する銀を持ち合わせていない場合の取り扱いを決めた条項です。この場合は、大麦あるいはゴマの返済が認められましたが、そのさい、元金相当部分はそのときの大麦あるいはゴマの相場にしたがって、また利息相当分は王の勅令にしたがって返済することが認められました。

第五二条は、第四九条の小作人に関連した条項です。この小作人は債権者がその責任において雇った小作人のことです。したがって、作物が収穫されず、貸し付けた銀と利息が回収できなかったことから生じた損失は、債権者である商人が引き受けることで、その債権債務関係は解消されることになっていました（前掲『古代オリエント資料集成1 ハンムラビ「法典」』、一〇二～一〇三ページ参照）。

農民に対する特別救済措置

なお、農民の借金返済にかんし、便宜を与えられている条項もありました。たとえば、農民は、第四八条で天災のため債務の返済ができない場合は返済義務がないとされていました。これは、農民にたいする特別救済措置です（同書、一〇二ページ参照）。また第七一条は、固定利子を超えて利子をとった債権者である商人には、その債権を失わせる罰を与えていました。こうした農民に特別救済措置などを与える条項は、「ハンムラビ法典」の一つの特徴を示したものとして、注目すべき規定です。なぜならば、「法典」は、じつは「強き者が弱き者を虐げることのないように」と、弱者救済をさだめた先進的な規定だったといわれているからです。

「法典」は、一般的には「目には目を」を原則とした規定であったといわれていますが、その趣旨は、裁判は公正におこなわれなければならないということだったといわれています。その根拠は、ハンムラビ王自身が碑文に記した後書で書いている、「法典」作成の目的の内容にあります。ハンムラビ王は、条文とよばれている部分について「国（民）に真にして善なる道を歩ませようとした正しい判決」とのべ、そのうえで「強者が弱者を損うことがないために、身寄りのない女児や寡婦に正義を回復するために……虐げられた者に正義を回復するために」と書いています（同書、まえがき参照）。

しかし、「ハンムラビ法典」は、何分古い時代の話ですから、その趣旨通り、実際に十分機能していたかどうかは分かりません。詳細を知るためには、残されている資料（王自身の書簡・命令書、多数の法律・商業文書など）に当たってみる必要があるように思います。

以上、商人による農民にたいする貸し付けについてみてきましたが、商人の融資は、行商人にたいしてもおこなわれていて、「法典」においてもそのことが規定されていました。そこで最後に、そのことを付言しておきたいと思います。行商人にたいする融資は、コマーシャル・ローンなどといわれ、第一〇〇条から一〇七条までの規定がその条項に該当します。たとえば、第一〇一条で債権者の商人は、債務者である行商人が利益をあげられなかった場合でも、一〇〇パーセントの利息が保障されていました。また、債務者の行商人が商業旅行の途中で敵に遭遇して、持ち物を失った場合は、第一〇三条で融資を受けた資本金の返済が免除されていました（同書、一〇九～一一〇ページ参照）。

2　古代ローマの高利貸し

古代ローマ史は普通、王制時代（前七五三―前五一〇）、共和制時代（前五一〇―前三〇）、帝政時代（前三〇―後四七六）の三つの時期にわけられます。ローマが都市国家として成立したのは紀元前七世紀の頃ですが、この都市国家のローマ人は、社会上三つの階級、すなわちパトリキ（貴族）とプレーブス（平民）、そして奴隷という階級にわかれていました。社会制度としてみた場合、古代ローマ社会は、奴隷制生産様式の社会でした。

貴族＝高利貸しと小農民

平民は、その大部分は小農民でしたが、都市在住の手工業者や小商人など氏族に所属しない人たちもふくまれていました。貴族と平民は紀元前五～四世紀頃には参政権などをめぐって激甚の闘争をしていましたが、そのうち、比較的少数の貴族と富める有力な平民が合一して、古い貴族の代わりに新しい貴族があらわれ、これら新貴族が元老院を構成するようになって、共和制が完成しました（宮下孝吉著『西洋古代・中世経済史』ミネルヴァ書房、六〇～六一ページ参照）。

古代ローマ経済の主体は、農業でした。ローマの土地は、ギリシアと同様、大部分は私有地でした。しかし、共和制初期以来のローマ社会には、土地所有の不平等が発生しました。そして、共和制後期になると、イタリア社会の社会経済状態は、手工業や商業などの経済の発展に伴って共和制初期とは大いに変化し、貴族が、商工業や投機的事業、そして大土地の栽培耕作に手を出すようになって、大きな力を持つようになりました。そこで、貴族は官職貴族（元老院階級）と貨幣貴族（騎士階級）という二つの種類の貴族にわかれ、富裕な人びとや公共事業の請負人などの貨幣貴族は、商事会社を経営したり、鋳造貨幣を利用して高利貸しをおこなうようになりました（同書、六六〜七〇ページ参照）。

古代ローマの高利貸しは、大土地所有者（その多くは官職貴族＝都市貴族と大商人）、奴隷所有者、そして貨幣貴族でした。マルクスが分類した高利資本が実存する特徴的な形態の一番目に属する形態です。これらの高利貸しによる高利貸し付けの対象となったのは、主として小農民でした。農民は、度重なる戦争に出征させられ、悪天候ともたたかい、そして借金に苦しめられたのでした。

ここでは、官職貴族*と小農民の関係について、みておきたいと思います。マックス・ウェーバーによると、ローマにおいて支配的地位をしめていた官職貴族は、農村地方に農耕地を所有しながら、実際の住居は都市に置く氏族で、そのため都市貴族といわれていました。このような氏族は、約三〇〇有り、農耕地のほぼ三分の一を所有していました。残りの土地には、数千の小農民家族が定着していました。その小農民の数は、おそらく三〇〇〇ないし五〇〇〇家族でした（『古代社会経済史』東洋経済新報社、三六二、三八二ページ参照）。

＊ ポエニ戦争（ローマとカルタゴ間の前二六四―前一四六年前後三回にわたる戦争）後のイタリア社会における官職貴族は、表向きは商業が禁止されていましたが、支配層の多くは新征服地の属州総督となって、許されている以上の属州民搾取をおこなって私腹を肥やしていました。官職貴族のコースを選ばなかった大商人は、国家が属州から取り立てる十分の一税などの租税の徴集の請負業務に携わったり、ローマやイタリアの沿岸大都市住民のために属州からもたらされる穀物の輸入に携わったりして、巨大な資本を蓄積していました。これらの官職貴族や大商人たちは、その儲けた利益で、農民が手放した農地を買い集めるなどして大土地所有者となり、戦争でたくさん手に入れた奴隷を労働力として使い、ぶどう酒やオリーブ油の市場向けプランテーションを経営していっそう儲けていました。この奴隷制大農場と牧畜経営がイタリアの農村の特徴的な相貌となったといわれています（森田鉄郎著『世界各国史15イタリア史』山川出版社、四五ページ参照）。

都市貴族の収入は、第一段階として、古代ポリスのすべての貴族の収入がそうであったように、その一部は都市的な起源のもの（商業）であり、他の一部は牧畜経営にもとづいていました。そして、第二の段階としては、都市貴族の貨幣の力が増大した結果、土地への集積への傾向がつよまると同時に、貨幣の高利貸し付けが広まり、それがかれらにいっそうの儲けと貨幣蓄蔵をもたらしました。そのため、ローマでは、貴族とならんで村の内部に存在した自由農民の債務奴隷化への傾向が生まれました。

債務奴隷の存在と「十二表法」

ウェーバーは、この債務奴隷の存在が当時の国内の安全を深刻におびやかす要素になっていたこと、そしてそのことを示すものが「十二表法」(「十人官法」または単に「法典」ともいわれています)であったとのべています(同書、三八一ページ参照)。

ローマ人の法は、世代から世代へと口承によって伝えられてきた一連の不文慣習法であるといわれています(ピーター・スタイン著『ローマ法とヨーロッパ』ミネルヴァ書房、五ページ参照)。船田亨二著『ローマ法』は、ローマでは建国当時には確実な成文法も確定した判例もなく、すべては王の裁量によって支配され、したがって最も古い時代に法がもっぱら習慣から形成されたことは疑いないと書いています。そして、この習慣法は永年のあいだ同様の行為が反復されることによって、特定の社会において暗黙のあいだに拘束力を持つと認められるにいたった社会規範であったとのべています(『ローマ法』第一巻、岩波書店、一〇九〜一一〇ページ参照)。

しかし、ローマにおいては、こうした習慣法による社会規範のあり方も、共和制の発達と共に、市民のあいだに暗黙の裡に発生発達した古来の習慣に対立する市民法が形成されるようになりました。それが、王制廃止後半世紀を経た紀元前四五〇年頃に作られた「十二表法」です。この法律は、正文は直接には伝わっておらず、共和制末期に間接の資料により口伝によって伝えられるにいたったといわれています。その口伝および内容の詳細はここでは省略しますが、編別は、広く認められているところによれば、およそつぎのようなものであるといわれています。
（1）第一乃至三表　民事訴訟法（第一表は法廷招致、第二表訴訟手続、第三表執行にかんする規定）
（2）第四・五表　相続法および家族法
（3）第六・七表　物権法および債権法（あるいは第六表は所有権および法律行為、第七表は相隣地間の関係にかんする規定をふくむ）
（4）第八表　不法行為法および刑法または不法行為法
（5）第九・一〇表　埋葬にかんする規定その他公法および宗教上の儀式にかんする規定をふくむ（または第九表は公法、第一〇表は宗教法をふくむ）
（6）最後の第一一・一二表　追加規定

この「十二表法」の規定は、ある場合には既存の習慣を確定するものであり、ある場合には新たな規範を定立するもので、当時の法の特徴を知らしめるものであったといわれています。そして、この法律は、ローマ市民の神にたいする、国家にたいする、他の市民にたいする関係を規制する規定、すなわち宗法、公法、私法のそれぞれをふくむ規定であったといわれています（前掲『ローマ法』、一二〇〜一二一ページ参照）。

利子率と債権執行の規定

さて、モンテスキューによると、初期のローマ人は、高利の率をさだめた法律を持っていませんでした。利子額の決定は個別的な合意にしたがっておこなわれ、高利の利子率は年利一割二歩でした（『法の精神』岩波文庫（中）、三三七～三三九ページ参照）。それが、「十二表法」の規定では、貨幣貸し付けの最高利率を年利一割としました（第八表一八）*。この規定にたいし、その後に制定された前三四七年の一法律では最高利率が五歩に半減し、前三四二年のゲヌキア法ではまったく利息の徴収を禁じました。これらの法律の規定は、平民あるいは貧民を救済するための規定であったといわれています（前掲『ローマ法』、一三一ページ参照）。

＊　伝えられているところによれば、「十二表法」の利息の規定は、「金利は一ウンキアを超過すべからず、此の制限を超過するときは四倍の罰金を科すべし」となっています。この規定についての解釈の通説は、利子率は年利一割です（西本穎著『利息法史論』有斐閣、二二ページ参照）。

だが、このゲヌキア法による利息徴収の禁止規定は、まったく世人の無視するところとなりました。帝政時代、すなわちキケロー（前一〇六―四三）の時代にいたると、法定利子率は、年利一割二歩と決定されました。しかしながら、実際上は、債務者が法定利子率の二倍の年利二割四歩、ときには四倍の年利四割八歩の利子率での契約を余儀なくさせられたことが、珍しいことではありませんでした。ヂオクレチャン皇帝のときにいたっては、貨幣貸借にかんしては年利一割二歩を限度とし、穀物貸借にかんしては年利三割を許可するという二重主義の立法が発布されました（前掲『利息法史論』、二三ページ参照）。

法定利子率の特徴的なさだめがおこなわれたのは、ユスチニヤン皇帝の時代です。この皇帝は、勅法によって、通常の貨幣貸借にかんしては年利六歩、貴族および農民にかんしては年利四歩、商人にかんしては年利八歩、海事にかんしては年利一割二歩というように、借りる側の態様によって制限利率をさだめたのでした。しかも、このさいの利息契約は、必ず問答契約の締結を要し、厳正な要式行為によることをその成立の要件としていました。債務者は、法定の利子率以下で利息を支払うことを約束しなければなりませんでした。しかし、法定利子率を超過して支払った利息は、無効ではありませんでした。法定利子率超過の部分は、これを元本に充当するものと解されていたからです。そして、この場合、すでに元本が支払い済みのときは、その超過部分は債務者に返還されるべきものと解されていました。利息の利息、すなわち重利は、ローマ法においては禁止されていたからです（同書、二四ページ参照）。

ここで話を「十二表法」の規定に戻せば、債権執行によって債権者の債務拘留にとらえられた債務者は、支払期限が経過した後に、殺害されるか、あるいは外国に売却されねばならなかったといわれています（前掲『古代社会経済史』、三八一ページ参照）。

「十二表法」の時代には、審判人が裁定した賠償を三〇日以内に受けることができなかった原告は、被告に圧力をかけることができ、その程度は生命にまでおよんでいたのです。原告は、被告が債務の全額を支払えず、また資力ある保証人を供しえない場合には、被告を政務官の前に連行することができました。政務官は、原告が被告を六〇日のあいだ、鎖に繋ぐことを認めました（第三表）。この期間に、原告は、鎖に繋いだ被告を三日続く開市日に市場に出し、被告の窮状を公表して、被告の家族などが問題に対処する機会を与えなければなりませんでした。そのうえで、この手続きが不首尾に終った場合には、債務者を奴隷化してローマ国外に売却し、賠償を受けていない債権者間でその売却益を分配することになっていました。また、債権者たちが望むならば、債務者を殺害してもよいことになっていました（ピーター・スタイン著『ローマ法とヨーロッパ』ミネルヴァ書房、九ページ参照）。

こうした野蛮な規定は、「十二表法」が私的自治を認める特徴を持っていたことを示すもので、事例によっては自力救済を許したということを意味しています。言い換えれば、このことは、共同体がまだ自力救済を排除するほど強力ではなかったことを示しています。しかし、実際上、このような規定は、後代のローマ人自身によって、現実に適用されたことはなかったと伝えられています。そして、前三二六年または前三一三年のポエテリア＝パピリア法によって、拘束行為の効力が緩和され、債務不履行者を鉄鎖で拘束することも禁じられました（前掲『ローマ法』、一二七、一三一ページ参照）。

いずれにせよ、ローマの農民は、当時の社会的、経済的条件のなかで、その多くが高利の借金によって、債務奴隷の立場に立たされ、悲惨な扱いをされていたのでした。ウェーバーは、債務による農民の奴隷化は所有を持たない平民の典型的な運命であったとのべています（前掲

『古代社会経済史』、三四八ページ参照)。

3　日本の封建時代における高利貸し

徳川幕府と高利貸しの密着

まず、封建時代の金融事情をみておきますと、たとえば江戸時代(一六〇〇—一八六七)の高利貸しには、両替商のほかに札差、名目金、座頭金、質屋、小口信用(日済貸、烏金、泊鳥)などがありました。幕府は、商品・貨幣経済の発展に伴って、商業資本を重視する政策をとるようになりました。そして、一七六七(明和四)年以降、田沼時代に入ると、幕府は、その色彩をいっそう濃くして推し進めました。その結果、江戸を中心とする都市の大商業資本・高利資本、なかでも両替商、米問屋、材木問屋、さらには呉服商人などの大商人に大繁栄の機会、すなわち特権的地位を与えることになりました。商業資本と政治権力は、賄賂によって密着していました(北原進著『江戸の高利貸——旗本・御家人と札差』吉川弘文館、七二〜七三ページ参照)。

両替商(鴻池家、三井家など)は、この時代における信用制度の主な担い手でした。大石慎三郎氏は両替商について、著書『田沼意次の時代』のなかで、つぎのように書いています。「両替商とは金・銀・銭など種類を異にする通貨を交換することであるが、江戸時代には金融機関実務を兼ねた両替商が、江戸・大坂・京都の三都をはじめ、城下町をはじめとする主要地方都市にも発達、わが国経済の中枢機能をはたすようになっていた。なかんずく大坂および江戸には両替商がもっとも発達、三貨の両替のほか幕藩領主の公金取扱い、為替・預金・貸付け・手形の振出しなど、今日の銀行類似業務を営んでいた。（中略）彼らは本来前記のような業務を行なっていたが、元禄八年の貨幣改鋳以降は、それによって相場が騰落するのを利用して金もうけをするのが一般化していた」（『田沼意次の時代』岩波現代文庫、一一七〜一一八ページ）。

大名貸しの利子は、竹中靖一・川上雅共著『日本商業史』によると、初期の利子率はかなり高率でした。「初期の大名貸は、利留め（利息返済廃止）、踏み倒しなどが、しばしばおこなわれ、危険性が大きかったから、利息を高率として、はやく元利を回収する必要があった。承応元年（一六五二年）の長州藩の借銀帳をみると、利子率は月一割（年一二〇パーセント）というおどろくべき高率であった」（『日本商業史』ミネルヴァ書房、一四九ページ）。

諸大名の多くは、両替商人から高利の貨幣を借り入れて藩財政が窮地に陥り、江戸時代の後期から末期にかけて、多くの藩が返済困難に陥りました。大名貸しは、参勤交代や御手伝普請などによって苦しくなった大名の藩財政を補填する策として、両替商資本が貸し付けた当時の高利貨幣貸し付けだったのです。なかには、年貢米を担保として差し入れさせて農民貸しの形をとった、「郷貸」といわれた大名貸しもありました。

「ほとんどの大名が財政補填策としてとったのが、『大名貸』と称する商人からの借金であった。江戸時代においては大名領（＝藩）が今日の国家ともいえる単位で、幕府は自らも江戸時代最大の藩であると同時に、連邦国家の中央政府のような存在であった。したがって、江戸時代初頭においては、商人たちにとって藩が最大の、かつ最も安全な投資対象だったのである。ために巨大商人たちは世間相場より低利で、しかも無担保で金を貸し付けるのが一般であった。貸付期間は普通五年であった。しかし大名財政が困難になってくる四代将軍家綱の後期になると、返済が滞りがちになる大名も出るようになった」（前掲『田沼意次の時代』、九二ページ）

その結果、幕府は、諸大名と幕藩体制を護るために、両替商人たち、とくに大名貸しによって最も成り上がった巨大商人鴻池家としだいに軋轢《あつれき》を深め、対立するようになりました。その対立は、影武者などを使って、お互いに暗殺を謀るといった、険悪な関係にまで発展するようになりました。

こうしたことは、幕府の商業資本を重視する政策が一定の矛盾を抱えながら推し進めざるをえなかったことを示すものです。つまり、こうした対立は、「封建的政治体制と商業高利貸資本の運動とは、一時的に併存することはあり得ても、究極的には相入れない性格のもの同士」の関係の矛盾のあらわれなのです。田沼父子の政権は、幕政の土台を堅固に維持していくためには、多少の問題があっても、それを押しのけてでも、商業資本・高利資本と提携して進まざるをえなかったのです（前掲『江戸の高利貸──旗本・御家人と札差』、七三ページ参照）。

幕府の公金貸し付け

その典型例は、大名貸しの担い手であった両替商人にたいする、幕府の公金貸し付け（「幕府の高利貸資本化」）でした。幕府は、両替商人を当時の必要な金融機関として位置付け、それゆえに資金支援をおこなっていたのです。これは、政治権力と両替商人＝高利貸しの、賄賂以上の癒着《ゆちゃく》です。

たとえば、鴻池家の両替店にたいして幕府公金がはじめて貸し付けられたのは、一七八三（天明三）年一二月です。このときの貸付額は証文によると銀一五〇〇貫目で、利子率は年五朱（年五パーセント）となっています（作道洋太郎著『近世封建社会の貨幣金融構造』塙書房、四八五ページ参照）。ちなみに、この頃の大名貸しの利子率は、貸付先（藩）によって違いがありますが、高いところでは月八朱（月〇・八パーセント、年九・六パーセント）でした。

江戸時代においては、大名や旗本だけでなく、武士も高利の借金をかかえていました。NHKテレビの大河ドラマにもなった「利家とまつ」の加賀百万石前田家に仕え、御算用者（会計係）を務めていた猪山左内家の場合は、家計簿によると、一八四二（天保一三）年七月一一日時点で、負債総額は銀六二六〇匁（現在の賃金に換算すれば約二五〇四万円）におよんでいました。この借金額は、年収の約二倍です。利子は、年一五〜一八パーセント（年収の約三分の一がもっていかれる）の高利です。借り入れ先は、下級武士ですから、両替商ではなく、町人、藩役所、武士（親類）、武士（家中）、知行所の五ヵ所で、そのうち一番多かったのが町人からで、負債総額の五割を占めていました（磯田道史著『武士の家計簿』新潮新書、五六～五八ページ参照）。

「世の中に、借り銀の利息程恐ろしき物はなし」

話は江戸時代の初期にさかのぼりますが、井原西鶴（一六四二―一六九三）は、『日本永代蔵』の三巻目で、「八より高い借銀」は恐ろしいからやめたほうがよい、といった趣旨のことを書いています（『日本永代蔵』岩波文庫、七三～七六ページ、新潮社、新潮日本古典集成版、八四～八五ページ参照）。これをみると、当時の利子率の高さは、月八朱（月〇・八パーセント、年九・六パーセント）という、いちおうの基準ないし限界が設けられていたようにうかがえます。

なお、井原西鶴は『日本永代蔵』の一巻目で、「世の中に、借り銀の利息程恐ろしき物はなし」とのべていますが、これについて、新潮日本古典集成版『日本永代蔵』の注釈には、当時の借銀の利息は、極めて高かったことが書かれています。「当時の借銀の利息の最高限度は年一割五分と定められていて、それ以上の高利は、貸借の訴訟には取り上げられなかったが、実際には五割以上の高利もひそかにおこなわれていた。西鶴はまず、借銀即ち高利の恐ろしさを言い、信仰にかこつけ、年十割の法外な高利を堂々とむさぼる僧の貪欲を、さりげなく描き出す」（『日本永代蔵』新潮社、新潮日本古典集成版、一九ページ）。

話はそれますが、ついでに、イギリスにおける金匠（goldsmith）について、若干紹介しておきたいと思います。国王や封建領主などが高利資本家にからめとられた例は、中世ヨーロッパなどでは多々みられたのです。マルクスは、『資本論』において、イギリスのチャールズ二世（在位一六六〇―一六八五）が金匠の高利貨幣に手を出し、二〇〜三〇パーセントもの法外な利子を支払い、租税の全収入を先取りされていたことを紹介しています（『資本論』新書版⑪、一〇五三ページ注参照）。

イギリスの金融の歴史をみると、中世チューダー朝の前半まではユダヤ人や北イタリア人などが金融業を独占していましたが、エリザベス女王の時代になってはじめてイギリス人が金融の部面でも頭をもたげてきました。この初期の頃に金融に携わったイギリス人は、主として貿易商人、ブローカー、公証人ですが、そのなかに金匠も加わっていました。もともと金匠というのは、金や銀ならびに宝石の細工匠であり、その製品の販売商人でした。金融の活動もしていましたが、かれらは、エリザベス時代ないしジェームズ一世の時代にはまだその面では、商人や公証人たちの力にはおよびませんでした。しかし、スチュアート朝のはじめ頃から、金匠は、金融活動においてもだんだんと有力になり、クロムウェル（一五九九―一六五八）の時代からその後にかけて、金融部面における華々しい活動を展開するようになりました。この時代になると、国王も、商人も、そして紳士も金匠に高利の貨幣を借りるようになりました。金匠は、まさにバンカーに成り上がっていたのでした（渡邊佐平著『金融論』岩波全書、七三〜七五ページ参照）。

4　日本の農民と高利貸し

古代ローマからは時代がかなりへだたっていますが、日本においても、農民が支配者および高利貸しにことごとく収奪されるという時期がありました。それは、封建的農奴制、とりわけ徳川幕藩体制下の時期と、日本資本主義成立期以後、半農奴制体制下における時期に顕著にみられます。ここでは、江戸時代における高利貸しについて、みておきたいと思います。

封建制における農民支配の特徴

日本の封建制度は、鎌倉幕府の源泰時が一二三二（貞永元）年に、守護・地頭などの御家人の権利と農民の支配の仕方などを決めた貞永式目の制定によって完全に成立した、といわれています。この封建制度は、土地の所有に基礎を有し、その基礎のうえに立つ農民にたいする搾取によって成り立っていました（野呂栄太郎著『日本資本主義発達史』岩波文庫（上）、四三、四五ページ参照）。平野義太郎（一八九七―一九八〇）は、この搾取の特徴について、つぎのようにのべています。

「日本における封建的農奴制の搾取の一特徴は、直接の生産者（農民―鈴木）の生活資料をば、肉体上に必要な最低限以下にまでも食いこんで『根取り』、搾取と凶作とがおのおの独特な分業をなしながら、周期的慢性的に農民経済を破滅させ、農民を奴隷化せしめながら、しだいに、領主の貨幣財産を蓄積させせることである」（平野義太郎著『ブルジョア民主主義革命』法政大学出版局、一二二～一二三ページ）

日本の封建制度は、徳川期にいたると、生産物貢納制の上に賦役・徭役という直接労働の提供が加わり、それと大土地所有者による搾取、ならびに高利貸しの誅求《ちゅうきゅう》という二重、三重の搾取様式の内面的な組み合せによって、世界史的規模でみても、農民にたいするきわめて苛酷な制度でした。このことについて、野呂栄太郎（一九〇〇—一九三四）は、『日本資本主義発達史』において、つぎのようにのべています。

「『百姓を治むるの法は、一年入用の食料だけを残してその余は年貢に取り、彼らの手元には財の残らぬように、かつ不足なきようにすべし』とは、家康の謀臣本多正信の献策せる所にして、実に徳川時代を通じて農民政策の範典として実行せられたところである。『一年入用の食料だけを残』すべしとなす所が、『飢餓の自由』を与うる資本主義制度に比してわずかに勝れているようであるが、実は、享保年間（西暦一七一六—三五年）既に田中丘隅が『民間省要』中に指摘せる如く、『百姓と言う物、牛馬に等しく、辛き政に重き賦税をかけられ、……これがために身代を潰し、妻子を売り、あるいは疵を蒙り、命を失う事限りな』かったのである」（前掲書、五七～五八ページ）

徳川封建制のもとでの農民にたいする支配の特徴は、封建地主が商人＝高利貸しと内部的に結びついて、封建的賦役（荘園的賦役）を利用する形と、そしてそれがさらに進んで、解体過程にあった封建制の内部に商人＝高利貸し＝地主として農奴に寄生していくという、いわば封建的高利貸地主型ともいうべき支配形態を示したことにあります。

封建領主による年貢徴収の方法は、生産力の増大に応じて、享保以後には検見取りから定免取り（作の豊凶いかんにかかわらず、一定不変の租を徴収する方法）に変わり、それもさらに米納（「生産物地代」）から銀納（「貨幣地代」または「金納地代」）に変わりました。銀納制は、「米納のより発展した正則支配的発展を多少とも意味するものではなく、米納の正常な形態変化でもなく、むしろ逆に、米の未進部分を貨幣形態で貸付ける形態に引き直し、その上、農奴から高利をとる前提として、あるいは米納不足分を補うものとしてのみ徴せられる」（前掲『ブルジョア民主主義革命』、一二八ページ）方法でした。

このような年貢や地代の徴収方法変化の背景には、都市において商業と手工業が発達して商品生産および貨幣流通がいちじるしく発展をとげてきた、という事情がありました。このことは、一般的には商品＝貨幣経済の拡大を意味するのですが、同時にまた、封建領主の権力と小生産者＝農民に寄生して巨大な富を蓄積しつつあった高利資本が発達してきていたことをも意味しています（早稲田大学経済史学会編『近世日本農民経済史研究』、一二八〜一二九ページ参照）。

農民に対する高利貸し付けの方法

江戸末期の頃の農民にたいする高利貸し付けの方法は、平野義太郎の研究によると、①藩の役所による年貢の強要、先納の強制と封建制の高利貸的性質とを組み合わせたやり方、②高利貸し＝地主＝庄屋が封建的土地所有に付着しておこなったやり方などがありました。

まず、年貢と高利貸し付けの組み合わせですが、幕府は、年貢を「先納」（二月中）と「初納」（三月中）の二回にわたって納めさせていました。しかし、農民には、こうした年貢の納入をできるだけの余裕はありませんでした。はじめは庄屋場などで借銀して上納していましたが、国中で経済が逼迫するにつれて、貸し主もなくなりました。

そこで、藩の役所は、「裏判銀」と称する手形を発行して月切二割で農民に貸し付けるやり方を考えました。しかも、この貸し付けは、証文書き換えの月は利を両方にかけ、七月限、九月限、一二月限と切り替え、書き換えていくと一年は一五ヵ月となり、およそ三割の高利となりました。この高利を支払えないために、田畑家督を失う農民が多数出ました。

二番目の高利貸し＝地主＝庄屋は、公権力側の代表者としての役割を持って領主制の搾取機関の一部として介在して、年貢の中間搾取をしながら、同時に、農村の高利貸付業を営み土地を兼併していました。なお、こうした庄屋の農民への寄生のやり方は、明治以降には庄屋の役割を戸長に編成替えするとともに、半封建的地主として寄生していく農村高利貸し＝地主の原型となったのです（前掲『ブルジョア民主主義革命』一三〇〜一三一ページ参照）。

農民への寄生のやり方は、「打ち返し」と「面なし借銀」という二つの貸し付けの方法によっていました。この二つの方法は、平野が引用している天明の福山一揆の記述『阿倍野童子問』の説明を、孫引きしてそのまま紹介すると、つぎのとおりです。

打ち返し――「暮、年貢不足米一石なるときは、春に至り沖相場、百目位なれば百四十目位にして、是を春銀納値段として三月に至り上納申付け厳敷取立るなり……爰に庄屋、三月より月二歩の利足を加え七月借替納とす。七月、又、証文書替として、一ヶ月躍りて九月切に、都合八ヶ月分の利足をとる。元利しめて百六十二匁四分となる。夫を七月に沖相場八十匁なれば、八十匁の米に直し、納米にては引落し取故、当年、貢務大に明き、又、春、残り米となる。前年巳の暮、一石の未進、翌年末の秋にて、三石余となる。これを打ち返しといふなり」

面なし借銀――「ここに面なし借銀という借主のなき借銀を巧み置き上を偽る。この趣法は、まづ小前へ知らぬ顔して心能く、米銀共に借（貸）置、これは打返しの利勘より出づる銀子故に、正銀は不出なり。小前も高利とは知りながら難儀のあまりに、其日送りに借受け大借金と成、庄屋へ折を見合、分散して、能、田畑をば価にかかわらず買取り――これも打返しの利勘より出る銀子故、正銀とては出さざる事故、価にかかわらずとるなり――悪田は、村田として置、残る借金をば、惣高割へ被（ママ）せし故、分散被多く出来、惣村追々困窮して分散人多く出来、村地も多く出来るなり。彼、村地に未進を付置打返しにして銀高をふやし置。是を面なし銀といふ」（前掲『ブルジョア民主主義革命』、一三一～一三二ページ）

5　高利貸しに対する農民の抵抗——埼玉県秩父地方におけるたたかい

日本の農民の高利貸しにたいする抵抗、とりわけ一八八三―八四（明治一六―一七）年頃の埼玉県秩父地方における農民の高利貸しにたいするたたかいは、熾烈を極めた民衆の抵抗闘争（秩父事件）として、歴史にきざまれています。

農民の生活は困窮

この頃は、松方デフレ政策によって全国の農村が不況のどん底にたたきこまれていた時期でした。養蚕地帯における生糸価格は暴落を続け、世界恐慌がそれに拍車をかけていました。農民は、生活が困窮していました。養蚕農民に県が勧業資金を出さなかったために、農民は、高利貸しに手を出さざるをえませんでした。その結果、中小農民は、いっそうの困窮化と没落を余儀なくされました（中澤市朗著『改訂版自由民権の民衆像』新日本出版社、七二、七九ページ参照）。

秩父地方では当時、高利貸し（その多くは地主）がはびこっていました。平野義太郎は、この高利貸しについて、つぎのようにのべています。「高利貸兼地主の性質は自明であるが、絹商の性質は複雑であろう。絹織商・生糸買占人たる商業資本、小規模な座繰製糸を経営する製糸家、しかしまた、同時に、高利資本たる性質をもっていたことが推測される。新聞記事では、たんに漠然と『財産家』『豪家』と指称されているものの大部分は、地主兼高利貸か、またはこれらに属するものであったろう」(前掲『ブルジョア民主主義革命』、三〇〇ページ)。

この高利貸しは、一八七七(明治一〇)年九月に公布された利息制限法を表面上は守って、年利二割の利子を取って貸していましたが、ひそかに悪だくみをし、証書記載金額の二〜三割を前もって引いて貸していました。いわゆる「切金貸し」です。それだけではなく、かれらは、返済期を三カ月かぎりと決め、三カ月目に返済不能の場合は、さらに証書を改めて新規貸しとして利子を元金に加え、証書が額面の歩を切ってこれをも元金に加えるという方法をとりました。

このため、一月に一〇円(切金ゆえ実際は八円)借りた人が、一一月までに返済できなかった場合には、元利合計が二六円四六銭にもなりました。一一カ月間で借りた金が、三・三倍にも膨れ上がってしまったのです。無法を承知のうえで借りなければならなかった窮民たちには、そのような暴利を払う余裕はまったくありませんでした。返済できない場合、高利貸しが大宮治安裁判所に貸金催促勧納願を出し、法廷に争いを持ち込んだため、窮民のなかには家をとび出し、行方をくらます人が続出しました(新井佐次郎著『秩父困民軍会計長 井上伝蔵』新人物往来社、八七〜八八ページ参照)。

中澤市朗氏によると、同時代のある人は、こうした金貸しのやり方を「剛欲」とよび、「苛酷邪慢な挙動」「道徳情誼を失い」など、あらゆる言葉をもって糾弾しています。農民は、こうした高利金融業者のやり方に怒りました。秩父山村をはじめとする養蚕地帯の農村には、「惨野の流民」が出現しました（前掲『改訂版自由民権の民衆像』八一～八二ページ参照）。

一八八三（明治一六）年に全国の裁判所で破産を宣告された農民は、戸数三万四〇〇〇戸におよびました。その苦境を突き破る負債返弁の闘争（集団の力で解決の道を模索する闘争）は、四七五村一町四地方で、五六件を数えるにいたりました。そのたたかいの主舞台は、秩父をはじめとする養蚕・製糸業の地帯でした（同書、八七ページ参照）。

闘争は農民蜂起に

秩父の農民のたたかいは、当初は合法的な闘争でしたが、それが限界に達すると農民蜂起の形をとりました。まず、秩父での合法的な闘争は、たとえば、負債農民一同の委任状をもっての、大宮郷警察署への合法請願運動にみられます。この運動での農民の要求は、①債主に迫り十カ年据置四〇カ年賦に延期をこう事、②学校費をはぶくため三カ年の休校を県庁に迫る事、③雑収税の減免を内務省に請願する事、④村費の減免を村吏に迫る事、の四つがあげられていました（前掲書一二一ページ参照）。しかし、この請願は、却下されてしまいました。

この請願運動のなかで、農民が武州養蚕地帯の中心地、児玉町のある荒物商の壁に一枚の紙を貼り出しています。農民の高利貸しにたいする考え方が示されていますので、紹介しておきたいと思います。
「お前たちは人に金を貸し高利をむさぼり、みずからは楽をして他人の労働の血と油を絞り、自分の生活を保とうとしている。一時はそれでも生活できようが、永遠に保つことができるだろうか。そんな理くつはない。ついには天帝の激しい怒りにふれるだろう。今日のみにくい姿をみよ、窮鼠かえって猫をかむの時期がやってきたのである。
ここにおいて各地に負債延期党が蜂起し、出没散合して、いままさに腕力をもって強談におよばんとしている。お前たちはすみやかに前非を悔い、借金請求をゆるやかにして、時期のきたるのを待ち、みずから労働して天帝の怒りをやわらげよ。さすれば社会の風波も一時に鎮静する好結果をみるであろう」（同書一二九ページ）
天帝とは、当時最高至上のものと思われていた神です。高利貸しの行為は、農民たちからみると、その天帝の激しい怒りにふれるようなことだったのです。農民の高利貸しにたいする抵抗は、一八八四（明治一七）年九月以降は困民党幹部の指導のもとに農民蜂起の形に変わりました。一一月一日には三〇〇〇名を超える農民が下吉田村の椋神社などに集結し、かれらは、高利貸しの家を打ち毀すなどして決起しました。周知のように、秩父事件といわれるこうした農民のたたかいは、官憲の激しい弾圧にあい、多数の戦死者を出して終わりました。しかし、この時期の民衆による生活と権利を守るたたかいの精神（世直しの理念）は、その後のさまざまな民主主義のためのたたかい、高利資本に抗するたたかいに引き継がれています。*

＊　今から約一二五年も前の秩父困民党のたたかいの精神は、今日のわが国における高金利問題に立ち向かう運動に確実に引き継がれています。たとえば、二〇〇六年一〇月一七日、東京・日比谷公園野外音楽堂で二〇〇〇人を集めた日弁連（日本弁護士連合会）主催の高金利引き下げをめざす決起集会が開かれました。この集会の四日前の一〇月一三日から、この運動の中心を担った約二〇〇人のメンバーによって、秩父の椋神社から高金利引き下げリレーマラソンがおこなわれたのです。集会は、その最終ランナーが檄文を携えて到着したさいには大変盛り上がりました。
　また、二〇〇四年には、秩父困民党のたたかいを描いた神山征二郎監督作の映画「草の乱」が作られました。この映画もまた、今日の高金利引き下げ運動を担ってきた人たちに大きな感動と勇気を与えました。二〇〇六年一二月、新貸金業法が成立して、高金利引き下げ運動は歴史的勝利を勝ち取りましたが、この結果をみて、多くの人たちが、この運動を平成「草の乱」と称しました。秩父での農民の「草の乱」は、弾圧によって敗れましたが、そのたたかいの精神を引き継いだ平成「草の乱」は、勝利したのです。

6　商人と高利貸し

高利貸しの搾取と収奪の対象となったのは主として浪費的な貴族や小生産者、または農民たちでしたが、商人も高利貸しの搾取と収奪から免かれていたわけではありません。

商業資本二つの形態

商業は、商品と貨幣が存在しているところではどこでも成立します。そのため、商業は、資本主義社会のもとでは勿論、それ以前の社会体制のもとでも存在しました。したがって、商業資本は、歴史的にみると、産業資本より以前に発生した商業資本と、産業資本からわかれて自立するようになった商業資本という、二つがあります。

産業資本にさきだつ商業資本は、前期的商業資本ともいわれ、高利資本と同様、資本主義のはるか以前にあらわれていた――マルクスは、商業資本は資本主義的生産様式よりも古く、実際には資本の、歴史的に最も古い自由な実存様式であるとのべています（『資本論』新書版⑨、五四八ページ参照）――資本形態で、小生産者や領主経済の生産物を安く買い上げて、それを高く売ることで利潤をあげていました。

産業資本からわかれて自立するようになった商業資本は、産業資本によって生産された商品の流通を専門的に営む資本です。この商業資本の展開を担う商人は、流通代理人とよばれます。商業と商業資本の発展は、生産を発展させ、その範囲を拡大し、これによって商人に商業利潤の獲得を実現します。このさいの商業利潤とは、産業資本家が商品の販売を商業資本家＝商人に委ねることによって、剰余価値の一部を譲りわたす利潤です。

問題は、商業利潤をえていた商人と高利資本家との関係はどうであったかということです。古代の社会においても、中世の社会においても、そして現代の社会においても、商人の場合には貨幣を単に消費するのではなく、資本としての運動にそれを投下するわけですから、商人が資本として貨幣を支出すれば、剰余価値を直接えることはできないまでも、商業利潤としてかれの手に再び貨幣があらわれてくることはあらかじめ見通すことができます。そのため、商人は、この貨幣を高利資本家から借り入れたとしても、やがてかれはそれを返済しうる立場にあります。

したがって、商人は、利子付きで貨幣を借り入れても、ほかの借り手のように高利資本に完全に束縛され、収奪を受けるというような苦境に陥ることはそうありませんでした。ですから、高利資本家が商人に対立していた関係は、マルクスが指摘したように、以前から、近代的資本家に貨幣貸付業者が対立していたのに近かったのです。

高利貸しの小商人に対する収奪

しかしながら、商人が高利貸しの収奪の対象でまったくなかったかといえば、そうではありません。このことは、今日、商工ローンなどの高利資本によって現実に収奪を受けている商人が多く発生しているのをみれば明らかです。それは、古代や中世においても同じです。当時の商業利潤の実現は、大部分は瞞着《まんちゃく》および詐欺から生じていましたから、後の資本主義社会より高かったのでした。しかし、それは、偶然に依存していましたから、けっして固定的ではありませんでした（渡邊佐平著『金融論』、四一～四三ページ参照）。

当時の商人が貨幣を借り入れしていたさきは、高い商業利潤を獲得して貨幣を蓄蔵していた大商人＝高利資本家でした。この高利貸しは、農民などの小生産者に高利の貨幣を貸し出していましたが、資力のない小商人たちにたいしても貸し付けて、商業利潤に相応する利子を要求して、高利を貪っていました。ただし、高利貸しによる小商人にたいする収奪についての実態は、私が商業史などを著した研究書をみたかぎりでは、ほとんど究明されていません。とくにわが国の商業研究では、商業資本＝高利資本、つまり大商人のなかの高利貸しに焦点をあてた論究が圧倒的に多く、小商人についてふれた研究は少ないのです。

たとえば、マルティン・ルター（一四八三―一五四六）には、「商業と高利」という一文があります。かれは、街のキリスト教徒の商人たちが、ユダヤ人のように農村の人びとなどに利息付き貸し付けをおこなっていたことにたいし、聖書にもとづいて戒めを説いているものの、商人自身が高利の貸し付けを受けて「受難」にあっていた事例にはいっさいふれていません（『ルター　世界の名著23』中央公論新社、参照）。

しかし、中世ヨーロッパにおいては、ジャック・ル・ゴッフが『中世の高利貸―金も命も―』においてのべているように、高利貸しと商人は、両者は近接性の属性を持ち合わせていたものの、けっして同じ人間ではありませんでした。むしろ、商人は、高利貸しの隠れ蓑として役立っていたのです（『中世の高利貸―金も命も―』法政大学出版局、六六ページ参照）。つまり、大商人が自らの資力と地位を利用して高利貸しも兼営していたのにたいして、資力のない小商人はそうした大商人の高利貸し付けに依存するという関係にあったのです。

借り手の小商人にとって高い利子を支払うことは苦痛でした。しかし、商業利潤は当時の社会のなかでは高位にありましたから、小商人は、かなり高い利子でも我慢しえたといわれています。利子が高くても、商人はそれを商品価格のうちにふくめて他に転化することができたからです。ですから、このような事情のもとでは、小商人たちの高利資本にたいする抗争は、徹底を欠き、根強いものとはならなかった、といわれています（前掲『金融論』、四三ページ参照）。

マルクスは、中世における利子について論証した『資本論』第三巻第五編第三六章のなかで、ギルバートが『銀行業の歴史と諸原理』において、商人が高利貸し付けを受けた場合の様相を書いている、つぎの文章を紹介しています。

「中世においては高利に反対する諸法律が正当とされていた。（中略）ヘンリー八世は利子を一〇％に、ジェイムズ一世は八％に、（中略）チャールズ二世は六％に、アン女王は五％に制限した。（中略）こんにちでは、利潤率が利子率を規制する。その当時は、利子率が利潤率を規制した。貨幣貸付業者が商人に高い利子率を課した場合には、商人はその諸商品により高い利潤率を加算しなければならなかった。それゆえ、多額の貨幣が購買者たちのポケットから取り上げられて、貨幣貸付業者たちのポケットに入れられたのである」（『資本論』新書版⑪、一〇六九〜一〇七〇ページ）

高利貸しによる小商人にたいする収奪は、そのつけが購買者、つまりは消費者のふところに回っていたというわけです。

大規模商人でも破産に直面

ところで、商業は、産業や社会情勢の変化しだいでは、たとえ大規模な商業を営んでいた商人でも破産に直面せざるをえず、そのさいには、当然のこととして、貨幣貸付業者に依存していた小商人もまた、破産という、いわば「受難」の目にあいました。その典型的な例は、中世イタリアのフィレンツェの商業にみることができます。

清水廣一郎著『中世イタリア商人の世界――ルネサンス前夜の年代記』によると、一三世紀、とくにその後半の、イタリアのフィレンツェの商業は、フランドル産毛織物の輸入、販売、再加工など、毛織物工業の発展に伴って、商人たちがヨーロッパ各地に支店網を作り上げ、金融業と共に急速に発展しました。しかし、一四世紀になると、フィレンツェの商業は、いっぺんします（『中世イタリア商人の世界――ルネサンス前夜の年代記』平凡社、二〇ページ参照）。

一四世紀のヨーロッパは、一三一五―一六年頃から凶作、飢饉《ききん》、疫病の流行、労働人口の減少による生産力の低下という悪循環がはじまり、百年戦争の勃発（一三三九年）と黒死病（一三四八―四九年）によって、一気に深刻な事態をむかえました（いわゆる「一四世紀の危機」）。

こうした事態は、イタリアの商業にも大きな影響をもたらしました。とりわけイタリアの大商人たちにとって重大であったのは、最大の活躍の場であったフランスとイングランドのあいだの百年戦争によって、国王にたいする債権——海を越えてフランスに侵入したエドワード三世の軍備のための資金は、バルディ、ベルッツィ、フィレンツェなどの商人が提供したといわれています——が極度に肥大化したことです（同書、一一八〜一二四ページ参照）。

こうして、この時代にヨーロッパ全域にわたって活動していたイタリアの有力な大商人たちは、結局、相次いで倒産に追い込まれていきました。そして、大商人がこうした状況でしたから、大商人などから高利の前借りによって商品や原料を入手していた小商人や手工業者は、前借りを受けられず、店を閉じて破産する者が続出しました（同書、一二四、一三五ページ参照）。

ついでにのべておけば、商業資本と高利資本、したがって商人と高利貸しとの関係は、今日ではどうなっているのでしょうか。すでに断片的にみてきたように、わが国においては、商業の圧倒的多数をしめる中小零細商業を担う商人のうち、少なからぬ商人が、商工ローン、サラ金などの高利貸しの、格好の餌食となって収奪または略奪される状況が続出しています。そして他方では、百貨店やスーパー・ストアなど、大商業資本は、クレジット・カードを使った高利貸金業を広範な消費者を対象にしておこなっています。

7　現代の高利貸し

マルクスが指摘した高利資本が実存する三番目の形態は、今日のアメリカや日本の高利資本の展開をみれば一目瞭然です。その形態および特徴は、ほぼマルクスが指摘した通りであって、その多くが近代的信用制度、つまり銀行資本による主たる貸し付けがおよばない領域への高利貸し付けです。ただし、今日における高利資本実存の形態的特徴は、資本主義的生産様式の発展とその腐朽化が進むなかで、借り手からのいっそうの収奪または略奪のために、銀行資本が高利資本と何らかの形で癒着《ゆちゃく》した形態、すなわち資本提携や業務提携、または外見上はそれらの区別の見分けがつかないような形態として存在していることです。

「大局的に見れば、利子生み資本は、近代的信用制度のもとでは、資本主義的生産様式の諸条件に適合させられる。高利そのものは、単に実存し続けるだけでなく、発展した資本主義的生産の諸国民のもとでは、古いすべての立法によって課されていた諸制度から解放される。利子生み資本は、資本主義的生産様式（に特有）の意味で借り入れが行なわれず、また行なわれえないような諸個人および諸階級にたいしては、またはそういう諸関係のもとでは、高利資本の形態を保持する」（『資本論』新書版⑪、一〇四八〜一〇四九ページ）

（1）アメリカの場合

日本弁護士連合会消費者問題対策委員会の『消費者信用事情訪米調査報告書』（二〇〇三年三月刊）によると、アメリカでは、従来、五〇州でそれぞれに金利規制をおこなっていましたが、一九八〇年代以降、全国的に市場原理主義にもとづいた経済の規制緩和政策がとられ、その結果、消費者信用業界においても業界から規制緩和の強い圧力がかかって金利規制が撤廃される傾向が出て、高利貸しが横行しました。

具体的には、①低所得者や低学歴者、少数民族、老人など、ほかではローンを組むことのできない階層を対象に住宅抵当貸し付けを特徴とした年利一二パーセント以上の高利を徴収する略奪的貸し付け、②銀行から借り入れができない消費者を対象にした無担保ローンで、主に中産クラスが利用する年利一三～一九パーセントのクレジット・カード、そして、現金の借り入れがまったくできない人が物品を購入するときに利用する実質金利数百パーセントにも達するレントトゥオン（rent-to-own）などの緊急消費者金融、③消費者がつぎの給料日（通常、一～二週間程度後）に返済するということで小口の資金を貸し付け、高額な手数料を徴収するペイデイローン（payday loan）の三つの高利貸し付けが存在しています。

略奪的高利貸し付け

アメリカで近年、最も深刻な社会問題となった高金利・高手数料貸し付けは、略奪的貸し付けといわれ、二〇〇八年のアメリカ発金融危機の原因ともなった、住宅金融機関によるサブプライムローン（低所得・低信用の個人向け住宅ローン）です。このローンは、低所得者で、通常の銀行借り入れ（プライムローン）ができない経済的弱者への貸し出しの典型例として、一九九〇年代後半から問題となっていたものです。そのローンの特徴は、①高額の金利や手数料の徴収、* ②所得による返済能力を無視した貸し出し、③短期間での借り換えの繰り返しによる高額手数料徴収での住宅資産価値の収奪、④誤った情報提供や書類偽造など詐欺的手法による不当な契約の押し付け、⑤早期返済にたいする高額懲罰金などです（鳥畑与一著『略奪的金融の暴走――金融版自由主義がもたらしたもの』学習の友社、三〇～三一ページ参照）。

＊ サブプライムローンは、その多くが変動金利で、当初の金利がたとえ年利一二パーセントでも、二、三年後の支払優遇期間が終われば見直しがおこなわれ（「ペイメント・リセット」）、金利はどんどん上がっていきます。

このような略奪的高利貸し付けの住宅ローンが大きな社会問題になった背景には、米国政府の貧弱な社会保障政策と国民の歪んだ家計という二つの構造的な問題があります。すなわち、医療、教育、高齢者、失業者、貧困者などにたいする米国政府の社会保障は、たとえば四二〇〇万人の飢餓《きが》人口と四七〇〇万人の無保険者がいて、一五〇〇万人が職にあぶれているというように、貧弱極まりない状況です（アメリカの社会保障などの貧困状態については、ジャーナリストの堤未果氏が『ルポ貧困大国アメリカ』および『ルポ貧困大国アメリカⅡ』（岩波新書）で詳しくのべていますので、ご参照ください）。

一方、国民の家計構造の方は、カードローンの債務に依存しているという実態（過剰債務）があります。これは、商品の大量生産（過剰生産）のもとでの大量販売のマーケティング戦略によって、消費者が収入に見合わない「債務依存型過剰消費」の風潮を、長期にわたって人為的に押し付けられてきたことによるものです。アメリカでは、国民の七五パーセントがカードを持っていて、クレジット・カード保有者の六割がカードローンの債務を恒常的に抱えているといわれています。そうしたなかで、プレデタリー・レンディングといわれる住宅を担保とした高利の略奪貸し付けが拡大する一方、カードすら持てない最底辺層の人びとを貸し出し対象とした、年利数百パーセントにもおよぶような超高金利のペイデイローンが急成長しています。

では、問題のサブプライムローンの支払いを延滞した場合は、どうなるのでしょうか。返済不能は、即住宅の差し押さえ、そして借り手の破綻を意味します。マイケル・ムーア監督作の映画「キャピタリズム――マネーは踊る」は、資本主義そのものの本質にメスを入れた作品ですが、アメリカ各地で住宅ローン延滞の強制執行によって自宅を差し押さえられ、立ち退きを迫られている家族が続出している場面からはじまります。「真面目に働いている人間になぜこんな仕打ちを？」と人びとは口を揃えるばかりで、なすすべがありません。住宅を失った人びとの多くは、ホームレスに陥っているといわれています。

高利マネーと投機マネーの「ゲーム」

サブプライムローンの最大の推進力となったのは、大手金融機関による証券化ビジネスの展開であり、証券化市場により高利回りの金融商品をもとめて流れ込んだ投機マネーでした。そして、その担い手は、銀行家はもとより、住宅ローンブローカー、不動産業者、ウォールストリートの投資銀行家、証券化業者、投資家たちでした（前掲『略奪的金融の暴走——金融版自由主義がもたらしたもの』、三八ページ参照）。

とくに大手銀行や大手証券会社（投資銀行）は、二重の犯罪的な役割を果たしました。その一つは、子会社や関連会社を通じて、サブプライムローンを貸し出す住宅金融機関に資金を提供したことです。そのため、二〇〇三年頃を境にしてサブプライムローンが急増したのです。銀行は、いわばサブプライムローンを膨れ上がらす黒幕となり、現実の推進者となったのです。

二つ目は、これら銀行が一攫千金を狙ってギャンブラーとなり、サブプライム入りという最高にいかがわしい証券化商品を作り、それを売りに出したことです。アメリカには一九三〇年代に作った銀行業と証券業とを分離する銀行法＝グラス・スティーガル法があったのですが、結局それが崩れ（一九九九年に撤廃）、今回のような事態を生んだのです（工藤晃著『資本主義の変容と経済危機——大銀行、多国籍企業は何をしたか』新日本出版社、一三一、一五三ページ参照）。高利マネーと投機マネーの一番の出所は、銀行だったわけです。

この高利マネーと投機マネーによる、高利貸しと貨幣資本家たち（新たな金融貴族たち）の証券化ビジネスという「ゲーム＝踊り」は、実体経済を破壊して米国の低所得者層の人びとの生活破綻を招いたのみならず、世界各地で働く人びとの日常生活の営みにかかわる、金融および経済恐慌という危機を招きました。マルクスは、のべています。まるで今日のような事態を予測していたかのように。

「それ（株式会社―鈴木）は、新たな金融貴族を、企画屋たち、創業屋たち、単なる名目だけの重役たちの姿をとった新種の寄生虫一族を再生産する。すなわち、会社の創立、株式発行、株式取引にかんするぺてんと詐欺の全体性を再生産する。これは、私的所有の統制を欠く私的生産である」（『資本論』新書版⑩、七六〇ページ）

「商業と商品生産の一般化とにつれて、購買と支払いとの時間的分離が発展する。貨幣は一定期限に引き渡されなければならない。このことが、こんにちでもなお貨幣資本家と高利貸しとが互いに区別がつかないような事態に導きうることは、近代の貨幣恐慌が証明している。しかし、この同じ高利が、支払手段としての貨幣の必要をいっそう発展させる主要な手段となる。というのは、高利は生産者をますます債務の深みにおとしいれ、また、利子負担によって生産者の規則正しい再生産をさえ不可能にすることによって、彼の日常の支払手段をも皆無にしてしまうからである。ここでは高利は、支払手段としての貨幣から急成長するのであり、また、貨幣のこの機能、すなわちそのもっとも独自な活動の場を拡大するのである」（『資本論』新書版⑪、一〇四七〜一〇四八ページ）

（2）日本の場合

一九六〇年代以降の日本の高利貸しは、アメリカ流大量消費社会が進展し、また高度経済成長の経済政策が図られて産業と商業における独占化がいっそう進むなかで、それに照応した形態として存続するようになりました。その形態は、大きくいって三つあります。

一つは、クレジット・サラ金にみられる消費者を対象とした、一般的に消費者信用といわれる小口の高利貸し付けです。二つは、商工ローンや日掛け金融（日賦貸金業者）にみられる小規模の自営業者をふくむ中小商工事業者を対象とした高利貸し付けです。このうち、日掛け金融は、出資法の特例刑罰金利（上限が年利五四・七五パーセント）にもとづいて許可されていた貸金業者ですが、二〇〇六年の改正貸金業法によって廃止されました（施行時期は二〇一〇年六月）。三つ目は、ヤミ金融です。このヤミ金融は、貸金業登録をしていないか、していても出資法で規制された上限金利をはるかに超える年利一〇〇〇パーセントから一万パーセントもの超金利で貸し付けをおこない、暴力的・脅迫的な取り立てを繰り返す金融業者です。このヤミ金は、クレジットやサラ金からも借りることができない人びとを狙った、金融業を装った犯罪者集団です。

クレジット・サラ金による貸し付け

一つ目の高利貸し付けの主な形態は、一九六〇年頃からはじまったサラ金業者による貸し付け、そして七〇年代後半頃から八〇年代にかけて本格的にはじまった、銀行系、信販系、小売業系などのカードによる貸し付けです（クレジット・カードの発行枚数は、二〇〇八年三月末時点で三億八五九万枚に達しています)。

サラ金は、一九七五年頃からマスコミを利用しながら、低所得者層を対象に貸し出しを急速にのばし、九〇年代半ばには利用者が六〇〇〇万人を超えたといわれました。武富士の坂本堯則社長(当時)は「消費者金融会社の利用者は現在、六〇〇〇万人に達する。その多くが年収六〇〇〇万円以下、従業員一〇〇〇人以下の事業所の給与所得者だ。同様の条件を満たすマーケットは日本に二四〇〇万人あり、一八〇〇万人はまだ当業界をご利用いただいていないことになる」とのべていました(『月刊消費者信用』社団法人金融財政事情研究会、一九九五年一二月号、九ページ)。

クレジット・カードを駆使した金銭消費貸借契約および商品購買の立替払契約は、貨幣貸し付けと商品販売を抱き合わせにした、利用者からの大量収奪を目的とした形態です。このような消費者信用といわれる形態によるお金の取扱高(新規供与額)は、一九九三年度には七四兆一〇四八億円(日本クレジット産業協会推計)となり、国の同年度一般会計予算額七二兆三五四八億円を上回る額となりました。その結果、一方ではマスコミの宣伝などで「クレジット社会」とか「キャシュレス社会」といわれる社会的風潮が広まり、他方では、とくにサラ金による「高金利」「過剰融資」「苛酷な取立て」が消費者被害(多重債務者や自己破産者、自殺者の増大など)を拡大して深刻な社会問題となりました。

サラ金に関連して加えてのべておけば、大手の武富士は、電話盗聴事件と高額損害賠償請求訴訟事件を起こしました。とくに盗聴事件は、高利貸しが違法かつ悪らつな手段に訴えた、しかも警察権力と癒着して人権侵害をおこなった事例として、みておく必要があります。

盗聴事件は、武富士に批判的な記事を書いていたフリーライターの言論活動を封じ込める目的で、武井保雄会長（当時）が部下に命じて、このフリーライターの自宅の電話を盗聴させていたという事件です。しかも当時、武富士は、警察にたいし、お歳暮・お中元としてビール券などを配ったり、警察官にかんする個人信用情報を提供し、その一方で警察から右翼団体、暴力団、犯罪情報などの提供を受けていました。武富士は、警察権力との癒着によって、貸金行為を保身しようと謀ったのです。武井会長は、二〇〇三年一二月二日に電気通信事業法違反容疑で逮捕され、後日の判決で断罪されました。

高額損害賠償請求訴訟事件は、武富士が自社を批判するメディアやジャーナリスト、弁護士にたいし、批判封じ、言論封じのために名誉棄損を理由とする不当な訴訟を乱発した事件です。主な訴訟は、五件ありました。なかでも週刊金曜日訴訟事件（二〇〇三年三月一四日提訴）は、株式会社金曜日とジャーナリストにたいし一億一〇〇〇万円を請求するという、最も高額の請求をおこなった事件でした。これにたいし、被告と支援団体は、二〇〇三年一一月一五日、「武富士対策連絡会」を結成してたたかいました。訴訟事件は、盗聴事件で武井会長が逮捕され有罪判決を受けたこともあり、すべてが被告側の勝利で終了しました（宇都宮健児著『大丈夫、人生はやり直せる――サラ金・ヤミ金・貧困との闘い』新日本出版社、一二六～一四一ページ参照)。

高利商工ローンによる貸し付け

二つ目の形態は、とくに九〇年代後半に問題となった高利商工ローンが代表的で、大手銀行をはじめとする金融機関の中小零細事業者への「貸し渋り」に乗じておこなわれた貸し付けです。このことは、最大手の日栄(現ロプロ、会社更生手続中)の社長自らが「商工ローンは銀行で融資条件に合わない比較的資力に乏しい中小企業に信用で融資する融資で御座居ます」とのべていたことに端的に証明されています(一九九九年一一月一一日に松田一男日栄社長〔当時〕が参議院財政・金融委員会宛てに提出した文書から)。商工ローンは、手形や不動産を担保にとって、多数の連帯保証人を付けさせて数十万円から一〇〇〇万円台までの貸し出しをおこなう業者です。

この商工ローンは、利息は主債務者から徴収し、元金は保証人から徴収するという強奪の営業手法をとっていましたから、一九九〇年代の後半には保証人を巻き込んだ自殺をふくむ被害を続出しました。こうした商工ローン商法は、世論の批判が高まって、一九九九年一二月に貸金業規制法および出資法が改正(二〇〇〇年六月に施行)されて、一定の規制策がとられました。これによって、保証制度は、保証人にたいし保証契約締結前の書面交付を義務付けるなどの改善が図られました。また、上限金利は、年利四〇・〇〇四パーセントから二九・二パーセントに引き下げられました。

しかし、商工ローン問題は、これで根本的に解決されたわけではありませんでした。業者は、規制金利の範囲内で、引き続き強奪の営業手法を使った貸し付け行為をおこなってきたからです。とくに、大手商工ローン業者であったＳＦＣＧ（旧商工ファンド）は、二〇〇七年夏のサブプライム金融危機の顕在化以降、資金供給を受けていたリーマン・ブラザーズの経営破綻を契機に、借り手にたいし強引な「貸し剥がし」をおこない、その一方では日本振興銀行への債権譲渡や社長の財産隠しをおこなうなど、じつに悪らつなことをやりました（前掲『大丈夫、人生はやり直せる――サラ金・ヤミ金・貧困との闘い』、一二六～一四一ページ参照）。

高利徴収を打破した二つの出来事

ところで、クレジット・サラ金、商工ローンの形態による高利貸し付けが幅をきかせてきた一番の原因は、高金利でした。日本の利子制限は、本来の利子の制限をさだめた利息制限法（一〇万円未満年利二〇パーセント、一〇万円以上一〇〇万円未満同一八パーセント、一〇〇万円以上同一五パーセント）と処罰上限金利をさだめた出資法（一九八三年以前は年利一〇九・五パーセント）の、いわば二重基準になっていました。貸金業者は、刑事罰が問われない出資法による上限金利を基準に貸し出しをおこなってきたのです。すなわち、貸金業者は、一九八三（昭和五八）年制定のいわゆる「サラ金規制法」四三条の、債務者が利息制限法違反のグレーゾーンに属する利息を任意に支払ったときは「有効な利息の債務の弁済とみなす」という「みなし弁済規定」を盾に、高利を徴収してきたのです。

しかし、こうした高利徴収は、その後の二つの出来事によって、打ち破られることになりました。まず一つ目の出来事は、最高裁が二〇〇六年一月一三日の商工ローン業者シティズの貸金業規制法四三条の主張を巡る裁判を皮切りに、この「みなし弁済規定」(グレーゾーン金利)を次々と否定する判決を出したことです。最高裁の判決は、二〇数年にわたった債務者側と貸金業者間の、どのような範囲で利息制限法の例外規定である「みなし弁済規定」が適用されるかという大きな論争点に決着をつける判断となったのです。

二つ目の出来事は、この出資法の上限金利が、クレジット・サラ金、商工ローン、ヤミ金などによる高利金融被害をなくそうという、弁護士、司法書士、被害者団体、福祉団体、労働組合、消費者団体などによる運動が広がって、二〇〇六年の法改正(新貸金業法の制定、二〇一〇年六月に完全施行)が実現し、年利二〇パーセントまで引き下げられたことです。この改正貸金業法の制定は、わが国における高利資本の展開、すなわち高利貸しの収奪的、略奪的貸し付けを規制する大きな効果を果たす画期的な出来事です。実際、中小サラ金業者はもとより、大手サラ金業者まで経営困難に追い込まれています。最大手の商工ローンといわれたロプロ(旧日栄)とSFCGは、倒産しました。

ヤミ金による組織的犯罪

最後の形態であるヤミ金融は、一九九〇年代の終わり頃に、多重債務者や自己破産者をターゲットとして急増しました。二〇〇三年六月には、大阪府八尾市でヤミ金業者からの執拗な取り立てを苦に、男女三人が列車に飛び込み自殺をするという事件も発生しました。

指定暴力団山口組五菱会系のヤミ金融は、違法貸し付けで略奪した金をマネーロンダリング（資金洗浄）の目的でスイス銀行に送金するなどして、組織的な犯罪をおこなっていました。このヤミ金融グループの幹部は、組織的犯罪処罰法違反（犯罪収益隠匿）の罪で起訴されました。

一方、ヤミ金融の急増に対処するために弁護士、司法書士、被害者の会などによって結成された「全国ヤミ金融対策会議」は、ヤミ金融の全国一斉告発運動などを展開し、各地で五菱会系ヤミ金融グループの幹部らを相手に損害賠償請求の集団訴訟を提起してたたかいました。そうしたなかで、二〇〇八年六月一〇日、最高裁第三小法廷は、五菱会系のヤミ金融事件にかんし、既払金全額の返還を認める画期的な判断を示しました。この判断は、ヤミ金融の息の根を止める判決として、高く評価されています*（前掲『大丈夫、人生はやり直せる——サラ金・ヤミ金・貧困との闘い』、一四一〜一五一ページ参照）。

＊　最高裁第三小法廷の判決は、「出資法に違反するヤミ金の貸付行為は、社会の倫理、道徳に反する醜悪な行為（反倫理的行為）であり、民法七〇八条の不法原因給付に該当するので、ヤミ金は貸付金元本の返還を求めることができないばかりか、被害者がヤミ金に支払った金銭の返還請求をする場合、元本部分を差し引く

（損益相殺する）こともできない」とのべています。

しかしながら、その後も、ヤミ金融は、少なくなったとはいえ、引き続き違法行為を繰り返しています。今後、私たちは、消費者にたいしヤミ金融の危険性を啓発し、同時に捜査当局に刑事告発・告訴をおこなうなど、毅然として対応していく必要があります。警察は、改正貸金業法の施行によって、ヤミ金融にたいする取り締まりをいっそう強化して、撲滅を図ることがもとめられています。

今日、日本における高利貸しをめぐる状況は、大きく変化してきています。しかしながら、現在でも多重債務者は、二〇〇万人以上存在しているといわれています。したがって、私たちは、消費者がこの国で安心して、そして尊厳を持って暮らしていくために、貧困と格差をなくして、高利貸しのない世の中をつくっていく活動を、引き続きおこなっていくことがもとめられています。

第3章　変化してきた利子についての考え方

――ロック、スミス、マルクスの利子論について

利子についての考え方は、貨幣による貸付取引の発生と共にはじまるのですが、資本主義経済の形成および発展と共に、それも変わってきました。

たとえば、自由貿易がさかんになった頃には、ジョン・ロック（一六三二―一七〇四）などによって、利子は貨幣の価格であるといった自然利子論の思想が生まれました。産業資本が台頭するようになった頃には、アダム・スミス（一七二三―一七九〇）によって、利子は産業利潤の一分割部分または派生的所得であるといった思想が生まれてきました。カール・マルクス（一八一八―一八八三）は、利子は利潤を構成する剰余価値の一部分であると考えました。このマルクスの利子論は、古典派経済学の伝統を踏まえて、唯物史観の見地から独自の体系を打ち立ててできあがったといわれています。

そこでここでは、①資本主義経済の形成初期、つまり重商主義*が支配的であった時代のロッ

クの利子論、②資本主義的生産様式が発展しつつあったとはいえ、まだマニュファクチュア（工場制手工業）時代のスミスの利子論、③産業革命によって機械制大工業が確立された時代におけるマルクスの利子論という、それぞれの時代の三人の思想家の利子論についてみておきたいと思います。

＊ 重商主義は、中世封建社会が解体し、資本制社会が成立するにいたるあいだ、すなわち一五世紀後半から一八世紀前半にかけて、とくにイギリスとフランスで展開された経済学説および経済政策のことです。資本主義的生産様式にかんする最初の研究でしたが、流通過程という現象面しかとりあげませんでした。

1 ロックの利子論

(1) 利子は土地と同じく貨幣の使用料

ロックは、イギリスの啓蒙思想家として一般に知られていますが、名誉革命（一六八八年）における資本家階級の代弁者として、王政復古後の制限された王権とブルジョア議会との調和を図る立場から、政治に参加していました。

一七世紀中葉以降のスチュアート朝治下のイングランドは、オランダやフランスの貿易上の台頭に直面する一方で、第二次オランダ戦争（一六六四年）と、ペストやロンドン大火による国富の消失の結果、財政危機に直面していました。地主階級は、農業地代の下落に不満をつよめていました。工業生産者などは、貨幣不足に叫びをあげていました。

そこで危機を乗り切る対策として考えられたのが、法定利子率を六パーセントから四パーセントに引き下げることにより、金融緩和の手立てをとることでした。この金融緩和策の考えは、地主や商人たちの立場を代弁したもので、新興のブルジョアジーたちの思惑とは対立する意見でした。よって、イギリスでは、議会での利子率引き下げをめぐって、二度にわたって利子論争と鋳貨論争という二つの経済論争が展開されました。ロックは、その論争の中心人物の一人で、貨幣数量説と自然利子論を展開することによって、利子率の放任を主張して、利子率の引き下げに反対する側に大きな影響を与えました。この論争の結果は、利子率引き下げ反対派に軍配が上がり、ロックの影響力の大きさを示しました。*

＊　イギリスにおいては、利子論争の結果、利子率が四パーセントに引き下げられることはありませんでしたが、イングランド銀行の設立（一六九四年）後、しばらくたった一七一四年に、五パーセントに引き下げられました。

自然利子論

ロックの自然利子論とは、利子についてのどのような考え方だったのでしょうか。ロックは、論争の論稿集『利子・貨幣論』において、貨幣は土地と同じように賃貸料の支払いを受ける資格があるとのべ、利子は土地の使用料と同じように、貨幣の使用料だと意味付けました。

「貨幣も、土地と同じように、年賃貸料の支払いを受ける資格がある。なぜならもし金貨が（自分自身ではそれを使わないと仮定した場合）貨幣を貸付けないとしたら、彼の貨幣は彼に年々の利得をもたらさないであろうし、したがって彼の受け取る六パーセントは他人の労働の所産のようにみえるかもしれないが、それにもかかわらず、彼は土地を借地人に貸す人〔地主〕ほどには他人の労働の利得の分け前を取ってはいないからである」（『利子・貨幣論』東京大学出版会、五五ページ）

「商売の手腕をもちながら、それを行使するに足るだけの貨幣を持っていない人は、彼のトレードをおこない、生計の資を得るために貨幣を借りる理由をもっているだけでなく、その貨幣に対して利息を支払うだけの十分な理由をもっていることが明らかである。それはちょうど、農業の技術をもちながら、それを発揮すべき自分自身の土地をもたない者が、土地を借りる理由だけでなく、その土地の使用料（Use）として貨幣を支払う理由をもっているのと同じである。ここから次のことが明らかになる。すなわち利息付で貨幣を借りることは、業務の必要と人間社会の仕組みとのゆえにある人々にとってやむをえないことであるばかりでなく、貨幣の貸付に対して利得を受け取ることもまた、若干のあまりに小心すぎる人々の意見にもかかわらず、土地の地代を受け取ることと同じように公正で合法的なことであり、かつ借手にとってむしろ認容できることである」（同書、五五〜五六ページ）

ロックは利子についてこのようにのべたのですが、このかれの議論は、当時の社会における経済活動にとって、そして経済学の問題にとっても大きな意味を持っていたことを、まずみておく必要があります。周知のように、利子についてどう考えるかということは、歴史的には中世以来、徴利禁止の流れにあった問題でした。しかし、社会における経済活動は資本の本源的蓄積を伴う時代にさしかかっていて、当時の人びとは、産業における生産や交易いずれの面でも、流通手段ないし有効需要の増加をみたすための手立てをもとめていたのです。ですから、貨幣や利子の問題は、当時の重商主義的社会経済体制のもとにおいては、産業を動かし、経済活動を促進するための最大の中心問題であり、したがってまた経済学の問題でもあったのです（前掲『利子・貨幣論』、三四二ページ、解説参照）。

こうした意味から察すれば、ロックの貨幣および利子にたいする理論付けは、単なる利子の低減の議論にとどまらず、経済上の一般原理を説き明かそうとした性格の議論だったわけです。ロックの利子の定義自体は、みられるように、土地の賃料（地代）を真似ただけです。そこには、利子発生の事由として貨幣の有効活用という発想があるだけで、利子についての性格付けの十分な議論も、また利子の発生源の議論もありません。それでも、ロックは「経済学の哲学者」（マルクス）といわれただけあって、利子について自然利子という概念をもちいて意味付け、自然利子論を展開したのです。

「法定利子が自然利子にきわめて近い点に維持されるならば（私の意味する自然利子というのは、貨幣が平等に配分される場合に、現在の貨幣の欠乏が自然に到達させる金利のことである)、おそらくは借手にとって金利が引下げられ、貨幣は確実に国のトレードにいっそう役立つようになるであろう」(同書、九〜一〇ページ)
「規定以上の利息を徴収するのを法律では阻止できない(貨幣に対する必要がその価格を規制する唯一の事情であるから)ことが多分明らかになるであろう。なぜなら貨幣は、普遍的な商品で、食物が生活に必要なように、産業(トレード)に必要なので、いかなる利率を払ってでも、誰もがそれを手に入れなければならないからである。したがって貨幣が欠乏し、トレードのためだけでなく、債務の支払いのために借金が流行している場合には、高い利子の支払いは避けがたいからである」(同書、七ページ)

ここでロックがいっている自然利子の「自然」という概念は、後述するスミスの神の導きを含意する「自然」とは違って、原始時代の自然状態、つまりは原始状態をふくむ天然自然といったような意味です。ロックは、そうした考え方から交換経済の誕生を自然状態の発展のあらわれだと捉えたのです。そして、かれは、交換経済社会としての「市民社会」(一六四〇—一六〇〇年のピューリタン革命と一六八八年の名誉革命という、イギリスにおける二つのブルジョア革命を通じて出現した資本主義社会)の成立の基礎を、すべて貨幣にもとめたのです。原始時代のような自己消費経済から交換経済への離陸を可能にし、その経済力を拡大する基礎は貨幣であると考えたわけです。

ですから、ロックは、そうした「自然状態」から「市民社会」への移行にさいして、人びとにたいし、自然状態における「貨幣使用の暗黙の同意」をもとめて、生産力上昇の基礎形成を図るとともに、その同意を根拠にして、当時の不平等所有などの現実を正当化しようと考えたのです（同書、三五七〜三五八ページ、解説参照）。自然利子論は、この考え方の延長線上にある利子論です。

利子自由放任論

では、ロックのいう自然利子というのは、どういう利子論なのでしょうか。それは、かれが「貨幣の欠乏が自然に到達させる金利」とのべていることにみられるように、もっぱら貨幣の循環過程における貨幣量の変動によって決まるという、いわゆる貨幣数量説（貨幣の流通速度を一定とすれば、貨幣の流通必要量および通貨の発行量は商品の価格総額に規定されますが、この関連をさかさまに捉えた学説）にもとづく利子自由放任論です。

ロックは、たとえばこの自然利子の率が引き上げられる場合というのは、二つの場合だといいます。一つは、住民相互間の負債額にくらべて一国の貨幣がごくわずかしかないときです。この場合は、トレードに使用されている貨幣が負債を支払うために商工業者の手から引き上げられるか、さもなければ債務者は貨幣が必要なので、債権者の意のままにされるに違いないから、その結果利子は高くされるというのです。二つ目は、一国におけるトレード量に比較して貨幣が少ない場合です。トレードにおいては、誰もが必要に応じて貨幣を要求し、もしトレードをおこなうのに二〇〇万ポンド必要なのに一〇〇万ポンド不足していたら、貨幣の価格は引き上げられるであろうというのです（同書、一一〜一二ページ参照）。

したがって、ロックは、法律によって利子の市価を効果的に引き下げようとこころみるのは無駄なことだ、といいます。かれは、法律で利子率が制限されていても、たとえば、交易のためにどうしても船舶を欲する者は、そのための貨幣に自然利子を支払い、貸し手を法律の適用外に置くこととなるであろうといいます（同書、一二ページ参照）。こうしてロックは、貨幣量こそ利子率を規定するものだとして、法律による利子率引き下げに反対したのでした。言い換えれば、利子率は貨幣の需要と供給の関係、したがって貨幣量が増えれば利子率は自然に低下し、市場利子率（真実の利子率＝自然利子率）が決まると主張したのです。これが、利子の「放任・結果論」といわれるロックの利子論です。*

＊ 法定利子率引き下げに反対した考え方は「放任・結果論」といわれたのですが、逆に、利子率の引き下げを主張した人たちの考え方は「引下・原因論」といわれました。後者が、利子率の引き下げこそ国富増大・経済進歩の究極の原因であると主張したからです（同書、三四九ページ、解説参照）。

法定利子率基準設定論

それでは、利子の「放任・結果論」者であるロックは、法定利子率のすべてに、つまり利子率の規制に反対する態度をとったのでしょうか。じつは、そうではないのです。かれは、金融業者の金融独占を防ぐためには、法律による利子率の基準設定が必要だとする基準設定論を展開したのです。

「事業と貨幣の流れが不断に変化する場合、法定利子率がいくらであるべきかを決定することはむつかしいことではあるが、しかし一種の独占ともいうべきものが〔仲間〕の合意に基づいてこの一般的商品を少数者の手中に集中する場合には、規制が必要であろう。〔ただ〕その規制は次のような限界内であるべきだということが、多分妥当な提案として認められるであろう。すなわちそれは、一方では、商人たちや商工業者の利潤を完全に喰いつぶしたり、彼らの勤労の意欲を失わせるようなものであってはならず、他方では、人々が彼らの貨幣を他人の手にゆだねる危険を冒すのを妨げたり、ほんの少しの利得で危険にさらすよりはむしろトレードの外に置いておく方を選ばせるほど低いものであってはならない。それが高すぎる場合には、商人の利得を妨げるので、彼は借りなくなるであろうし、低すぎる場合には、貨幣所有者の利得が妨げられるので、彼は貸さなくなるであろう。これらはいずれもトレードの障害となる」（同書、九九〜一〇〇ページ）

だが、ロックは、こうした基準はあまりにも一般的で漠然としているので、貨幣と土地を相互に関連させて考えると、現在（当時）の妥当な法定利子率は六パーセントだというのです。「貨幣と土地だけを相互に関連させて考察する場合、現在では六パーセントがおそらく可能な限りの最善の比率であるという事実をつけ加えよう。六パーセントというのは、二〇購買年数の土地より少し高い率であるが、イングランドで土地が一般的にもってきた率にきわめて近いといえる率で、高すぎも低すぎもしないからである」(同書、一〇〇ページ)。

ロックが、一方で利子率を規定するのは貨幣量だとのべて利子率の放任説を展開し、他方では土地の価値との相互関連だとのべて法定利子率は六パーセントが最善といっているのをみると、かれの議論は、多少便宜的な考えにもとづくものだと思わざるをえません。しかし、思いを巡らしてみれば、このときの議論は、議会での法定利子率を六パーセントから四パーセントに引き下げることが大論争のテーマであったわけですから、利子率引き下げに反対するロックの議論が便宜的になったとしても、不思議ではないように思われます。ロックが最善の法定利子率といった六パーセントは、現状維持の利子率だったからです。

いずれにせよ、自然利子論といわれるロックの利子についての考え方は、重商主義が支配的であった時代における、流通過程という現象面だけをみた自由な市場価格論であって、利子自由放任論にすぎなかったのです。結局、かれの利子論は、交換経済社会を貫く原理を、商品を構成する価値の側から捉えることができず、したがって利子が利潤にもとづくことを明らかにすることができず、流通および循環過程における貨幣の量とその変動の問題としてしか捉えていなかった、という理論上の限界を持っていたのでした(『利子・貨幣論』、三六四ページ、解説参照)。しかし、利子論を歴史的に考えてみた場合、ロックが利子の問題を貨幣の循環に媒介された経済の構造(メカニズム)のうちに位置付けて捉えようとしたことは、じつは大きな意味があったのです。

（2）それでも経済活動の発展に即した利子論であった

ロックの考えは、以前の、たとえばキリスト教の徴利禁止の考え方などとくらべれば、経済活動の発展にそくした貨幣論であり、かつ利子論であったのです。

キリスト教の徴利禁止の教義

周知のように、キリスト教は倫理的・道徳的な立場から、貨幣の貸し付けにおいて貸し手が利子を徴収すること自体を不当と唱えました。新約聖書のルカ伝六章中の「愛の規則」の聖句に書かれている「何をも求めずして貸せ、然らばその報は大ならん」の部分が、とくに利子禁止の直接の根拠として重視されたのです。貨幣は不妊であり、利子を徴収することは罪悪的行為の典型をあらわすものとされたからです。

キリスト教は、とりわけ高利を自然の摂理に背くものとして排斥しました。そのため、高利貸しは、もっともたちの悪い商人として、いくつもの罪の責めを負う対象にされました。そのことは、たとえば詩人のダンテ（一二六五―一三二一）が『神曲』の地獄篇第一七歌のなかで、フィレンツェ共和国で富を築いた高利貸したちを、自然の摂理に背く別の罪人である男色家などの場所よりさらに悪い場所（第七環の第三圏域）に置いて、現世で労働を蔑《さげす》んだ者たち（高利貸し）

の苦しみをうたっていることに、よくあらわれています（ダンテ「神曲〈地獄篇〉」河島英昭訳、『図書』岩波書店、二〇〇六年一一月号参照）。

しかし、キリスト教の聖句にもとづく徴利の禁止は、もともとは僧侶にたいして向けられた規範であったのです。それが西暦二世紀ないし九世紀における宗教会議において、僧侶向けの規範が一般人による貨幣の貸し付けにたいしても適用されるようになりました。その理由は当時、社会全体に大きな影響力を持っていた教会が、困窮者からの搾取や強欲、不道徳な経済的取引が広く世間でおこなわれていたことにたいし挑戦して、人びとの経済生活を教理に依拠して律しようとしたことにありました。その後、一一七九年の第三ラテラノ会議では、利子を徴取した者は厳重に処罰されることとなり、徴利を容認する主義や主張までもが取り締まられるようになったといわれています（長尾治助著『判例貸金業規制法』法律文化社、七八〜七九ページ参照）。

利子禁止から利子容認へ

こうしたキリスト教の利子禁止の考え方も、中世を通じて商業が発展してくるようになると、それまで利子と高利を同様に考えていた考え方にも変化があらわれ、しだいに利子否認の根拠がうすらいでくるようになりました。ヨーロッパでは、一六世紀になると、利子容認論がつよまって、利子付きの貸し付けを禁止する法規を廃止して、利子の最高率を限定する法律、つまり利子制限法が制定されるようになりました。教会の利子禁止も、一七四五年の法王の回章《かいしょう》によって、緩和されることになりました。

この利子禁止から利子容認への移行の考え方をもっとも論拠づけた人は、商人たちの利子にたいする要求を代弁したジャン・カルヴァン（一五〇九―一五六四）でした。かれは、フランス生まれの宗教改革者ですが、利子の禁止を理由付けてきたそれまでの根拠が、状況の変化によって妥当性を失ってきていることを説きました。

カルヴァンは、貨幣が不妊であるという論拠は重要でないと反駁《はんばく》し、同時にもともと貨幣を生まない家屋も、その利用を貨幣と換えることによって、貨幣をえることができる、と主張しました。また、貨幣で土地を買えば、その土地からの年々の収入として別に貨幣を手に入れうる、つまりは貨幣を生むのは貨幣であるとも説きました。したがって、かれは、貨幣の借り手は貨幣によってえた利得から利子を支払うのであるから、借り手はだまされて貨幣を奪われるのではないと考えたのです（渡邊佐平著『金融論』岩波全書、五五～五六ページ参照）。

このように家屋や土地と貨幣を関連付けて利子容認論を説いたカルヴァンの考え方やその方法論は、じつはロックの利子論に引き継がれているのです。*ロックは、すでにみたように、貨幣は利子とよぶ一定の年収入を生むという点で、土地と同じ性質を持っていると考えたのでした。

＊　ロックは、一六六五年にブランデンブルク侯国への外交使節団の秘書としてドイツの都市クレーフエを訪

れたさい、そこでカルヴァン派、ルター派、再洗礼派、カトリックの人びとが平和に共存しているのをみたといわれています。ロックは、天才型の人でしたからすでにカルヴァンの利子容認論などは知っていたはずですが、ドイツ訪問のときに、カルヴァン派などから利子問題をふくむ政治経済問題について、何らかの刺激を受けたのではないかと思います。これは、私の推測です。かれは、その三年後の六八年に、「利子を四パーセントに引き下げた場合に生じる諸結果」という草稿（「利子論草稿」）を書き、経済危機への対処法を示したのです。この「利子論草稿」は、『利子・貨幣論』の前半部分の母体をなすものでした（松永澄夫編『哲学の歴史 第六巻 知識・経験・啓蒙［18世紀］』中央公論新社、九一〜九三ページ参照）。

ロックの利子論は、産業資本の力が大きく成長してくる一八世紀半ばになると、スミスらによって、それまでの中途半端な論調とは違って、産業の生産過程の内部まで立ち入って分析した本格的な利子論へと引き継がれていくことになります。

加えてのべておけば、ロックは、『利子・貨幣論』において、高利の問題についてはほとんど言及していません。「高利」という用語は少し出てきますが、理論付けはありません。しかし、ロックは、すでにみたように、金融業者の金融独占を防ぐため、法律による利子率の基準設定が必要だとする規制論をのべていました。これは、明確に断定できませんが、高利の防止策としての意味合いをふくんだ議論であったのではないかと思われます。当時の現実は、高利の問題がイギリスの各界にとって深刻な問題として存在していたからです。

イギリスにおいては、イングランド銀行設立（一六九四年）前の銀行制度の前史を担っていたのは、金匠でした。金匠は、もともとは金や銀ならびに宝石の細工匠でしたが、金融の活動もしていました。スチュアート朝のはじめごろになると、金融部面における活動は華々しくなり、国王も、商人も、そして紳士たちも高利の貨幣を借りるためにはせ参じていました。金匠は、債務者である国王にたいして一〇パーセントから三〇パーセントの利子の支払いを要求していたといわれています。金匠の高利徴収は、商人やその他の貨幣の借り手にとっても苦痛でした。この高利資本家であった金匠にたいする新興の資本家たちの反撃が、じつは近代的信用制度の先駆けとしてのイングランド銀行の出現を実現したのでした（前掲『金融論』、七三〜七六ページ参照）。

2　スミスの利子論

(1) 利子は産業利潤の一分割部分

古典派経済学の創始者であるアダム・スミスが生きた時代は、マニュファクチュアの時代——イギリスにおいてはおよそ一六世紀の半ばから一八世紀の三分の二期まで——で、すでに貨幣を貸し付ける銀行家や金融業者が活躍していた社会でした。しかし、当時の社会は、封建的制度がまだ残存していた時代ですから、一方で地主社会とよばれたのにたいして、他方では金融社会ともよばれていました。スミスは、当初は労働者、資本家および地主の階級的性質について しばしば論じていたのですが、そのうち利子問題をふくむ金融社会の問題について、賃金、利潤および地代という所得の問題に関連付けて考えるようになりました（高島善哉著『原点解説スミス「国富論」』春秋社、一三六〜一三七ページ参照）。

スミスは、まず『国富論』第一編第六章において、利子の性格について論じ、利子は借り手が貨幣を使用することによって作りえた利潤の一部を貸し手にたいして支払う貨幣使用の代償、つまり貨幣の使用料であるとのべています。

「自分自身の原資から自分の収入を引き出す者はだれでも、それを自分の労働からか、自分の貯え*からか、あるいは自分の土地から、引き出さなければならない。労働から引き出される収入は賃金とよばれる。貯えを管理または使用する人によってそれから引き出される収入は、利潤とよばれる。自分ではそれを使用せず、それを他人に貸す人によって引き出される収入は、利子または貨幣の使用料とよばれる。それは、借手が貨幣の使用によってつくりだす機会をもつ利潤にたいして貸手に支払う代償である。その利潤の一部は、当然に、危険をおかしてそれを使用する労を担う借手のものとなり、一部は、この利潤をつくりだす機会を借手に与える貸手のものとなる。貨幣の利子はつねに派生的な収入であり、貨幣の使用によって作られる利潤から支払われなければ、何か別の収入源から支払われなければならない。ただし、借手がおそらく最初の負債の利子を支払うために第二の負債を契約するよう

な浪費者ではないだろうとしてのことである」(『国富論』岩波文庫(一)、水田洋監訳・杉山忠平訳、九九ページ)

＊　大内兵衛訳『国富論』(旧岩波文庫版)は、この「貯え」を「資本」と訳しています。

これは、スミスが利子について定義としてのべている一節です。ここには、スミスの資本主義社会(産業社会)にかんする考えの特徴が概ねあらわれています。同時に、利子についての基本的な考え方、すなわち利子とは産業利潤の一分割部分であり、したがって利潤からの派生的な収入または所得であるという、いわば「産業利潤利子説」ともいうべき考え方が示されています。

スミスは、このように利子は産業利潤の一部だと考えたのですが、では利潤はどこから生じるのか、したがって利子はどこからくるのかという理論的な問題についてまでは考えませんでした。スミスにとって利潤はすでに与えられたもの、当然に存在すべきもの、したがって別段理論的に説明を必要としない自明の事柄であったからです。もし資本にたいして利潤が支払われないなら、資本の所有者は誰も資本を「前貸し」する者はなく、また誰も事業の「危険を冒して」まで投資する者はないから、利潤の存在は当然であり、自然のことであり、自明であるというのがスミスの考え方だったのです。ですから、スミスは、利潤のことを自然利潤ともよんでいました。このように利潤の存在を自明のものだとして議論を進めた態度は、じつはスミスだけではなく古典派経済学者たちに共通する態度であって、これはかれらが利潤獲得を生命とする資本主義社会を与えられたもの、もしくは自然なものだと考えていた当然の結果なのです（前掲『原点解説スミス「国富論」』、六五〜六六ページ参照）。

マルクスは後に、スミスにとって自然のもの、自明のものと思われた利潤の本質を研究して、それはけっして自然のものなどではなく、労働者が生産過程において生み出す剰余価値の転化した形態であって、資本家が搾取して取得したものであると考えました。ですから、それができなかったスミスの利潤理論は、利潤のみなもと、したがってまた利子の源泉も明らかにすることができなかったのです。*

＊　スミスは、剰余価値の観念を事実上捉える所までいっていました。かれは、『国富論』（第一編第六章）の商品の価格構成についてのべた部分で、「職人が原料につけ加える価値は、このばあい、二つの部分に分解するのであって、その一つは彼らの賃金を支払い、もう一つは彼らの雇主が前払いした原料と賃金という貯え（資本のこと—鈴木）全部にたいする利潤を支払うのである」（『国富論』（一）、九二〜九三ページ）とのべています。この文章は、スミスの剰余価値理論に該当する部分であるといわれています。しかし、かれは、労働者が作り出した剰余の価値を、そのまま直ちに利潤とよび（両者の同一視）、しかもその利潤も雇主が前払いした全資本にたいするものだと明言して、剰余価値を一個の独立した範疇として確立することができませんでした（久留間鮫造・玉野井芳郎共著『経済学史』岩波全書、一二三〜一二五ページ参照）。

（2）「見えざる手」と平均利潤率

さて、利潤が与えられたものである以上、スミスにとってもっぱら問題となりえたことは、ただ利潤の大きさ、つまり利潤率の問題でした。そして、つぎに問題となったのは、利子の大きさ、利子の禁止および利子率の法定の問題でした。

スミスの利潤率とは、自然価格の構成部分としての利潤の大きさ、つまり利潤の自然率はどうして決定されるのかという問題でした。この自然価格という概念は、かれの資本主義社会にたいする考え方と密接に関連しています。スミスが考えた資本主義社会は、工業も農業もふくめた近代的な産業社会（商業社会）のことで、分業と交換、そしてフェアな自由競争によって成り立つ社会のことです。この商業社会は、種々さまざまな商品が交換されて成り立っている社会です。当然、この商品の交換には、貨幣が介在しています。

スミスは、人が品物を交換するときにはそれを規制する価値（品物の相対価値すなわち交換価値）の原理があるはずだと思い、そしてこの原理には三つの自然の法則（交換の法則）があると考えました。

その第一は、この交換価値の真の尺度は何かという点です。スミスは、すべての商品の交換価値の真の尺度は労働である、と考えました。労働価値説といわれる考えです。第二は、真の価格を構成し、あるいは形成しているさまざまな部分は何であるのかという点です。スミスは、そのさまざまな部分（商品の価格の構成部分）として、①労働の賃金、②貯え（資本）の利潤、③地代の三つをあげています。第三は、価格のこれらさまざまな部分のいくつか、またはすべてを、ときにはその自然率または通常率以上に引き上げ、ときにはそれ以下に引き下げるさまざまな事情あるいは原因は何であるのかという点です。

スミスがここで最も重視したと思われることは、三番目の商品の価格にかんすることです。価格は、具体的にどのようにして決まるのかということです。結論をいいますと、それは「見えざる手」が働いて自然必然的に決まると、スミスはいうのです。いわゆる自然価格論です。かれは、自然価格は商品を市場に持ってくるために支払われなければならない地代、労働、利潤の総価値だといい、その価格は市場における人びとの需要との割合によって左右されるというのです。しかし、スミスは、自由競争に熱中している個々の人間は、ただひたすらに「自己の境遇を改善せんとする欲望」にかられて行動していて、誰も自然価格のことなど考えていないから、それは人間の意図とは独立して、「見えざる手」の導きによって自然に決まるのだというわけなのです。高島善哉著『アダム・スミス』によると、「見えざる手」とは今日の言葉でいえば経済法則のことだといわれています（『アダム・スミス』岩波新書、一〇一〜一〇二ページ参照）。しかし、その含意は、神の導きです（この神の導きについては、後述の「補論　自然価格論と『見えざる手』」をご参照ください）。

結局、この「見えざる手」は、利潤は自然なもの、または自明なものといった、スミスの利潤理論にも適用されることになります。そこで、その利潤の自然率とは何かということになるのですが、じつはスミスの答えは、単に平均利潤率というだけで、その内容ははなはだ曖昧なのです。ただ、スミスは、平均利潤率は国富の増進につれて低下する傾向があるとのべています。そのうえで、かれは利潤率の変動について、「利潤はきわめて変動的なものであって、そのためある特定の事業を営んでいる人でも、自分の利潤の年々の平均がどれだけであるかを、つねにみずから語ることができるとはかぎらないのである。利潤は、彼が扱っている価格が変動するごとにそれに影響されるだけでなく、彼の競争者や顧客の運不運からも、また品物が海路か陸路かで運ばれるときに、あるいは倉庫に貯蔵されているときにさえ、免れえない無数の他の偶発事からも、影響をうける」（『国富論』（一）、一五七〜一五八ページ）とのべています。

そこで、スミスは、この平均利潤率を見定めることは容易でないと考え、その救いを市場利子率にもとめます。

「貯えの平均利潤が現在はどれほどであるのか、あるいは昔はどれほどであったのかを、いくらかでも正確に決定するのは不可能だとはいえ、貨幣の利子からそれについてのなんらかの観念をつくることはできるだろう。貨幣の使用によって多くのものが得られるところではどこでも、その使用にたいして通常多くのものが与えられ、貨幣の使用によってわずかなものしか得られないところではどこでも、通常その使用にたいしてよりわずかなものしか与えられないだろうということは、原理として確認できるだろう。したがってどこの国でも、通常の市場利子率が変動するにつれて、貯えの通常の利潤もそれとともに変動するにちがいないと、つまりそれが下がれば利潤も下がり、それが上がれば利潤も上がるにちがいないと、われわれは確信していいだろう。それゆえ、利子の推移によって、われわれは利潤の推移についてなんらかの観念をつくることができるのである」(『国富論』(一)、一五八〜一五九ページ)

スミスは結局、利子率から逆算することにより利潤率を引き出そうと、経験的(帰納的)算出方法に訴えて、その利潤率はだいたい利子率の二倍であろうという一つの推定をくだしました。しかしこの利潤の自然率確定は、利潤の本質および源泉が不問に付されていたことなどからして、成功しなかったといわれています(高島善哉著『アダム・スミスの市民社会体系』岩波書店、一七六〜一七七ページ参照)。

補論　スミスの自然価格論と「見えざる手」

アダム・スミスは、クリスチャンであり、神を信じていました。スミスの自然価格論は、この信仰と密接な関係があります。自然価格論の自然(Nature)という言葉は、西ヨーロッパではしばしば神と同じ意味で使われていたからです。スミスの場合もそうです。思想と社会科学の結び付きの根本問題に挑戦したスミスでしたが、かれの最終的な拠りどころは、一八世紀という時代の制約のなかでは神以外になかったのかもしれません。

ですから、スミスにとっては、商品の価格は市場によって成立するとはいってみても、結局はそれを決めてくれるのは神（「見えざる手」*）であるということになるわけです。実際に神が価格を決めることはありえないのですが、いかに優れた思想家とはいえ、信仰者の立場からみると、一つの観念として、また理論的方法としてそれがありえることになるのです。なぜならば、自然と人間の創造主であるとされる神は、創造のはじめに一度だけ顔を出すけれども、その後は創造主として自然と人間の営みを見守って、導いてくれているとみえるからです。したがって、商品の価格の決定は「見えざる手」の導き、つまりは神の導きであると共に自然の成り行きの運動によるものだということになるのです（前掲『アダム・スミス』、一一七〜一二〇ページ参照）。

＊　「見えざる手」という用語は、『国富論』においては一回だけ使われているのですが、ここでの引用語は、『国富論』（旧岩波文庫版、大内兵衛訳）第四編第二章で使われている訳語です。新訳本（岩波文庫、水田洋監訳・杉山忠平訳）は、「みえない手」と訳しています。スミスは、産業の生産物の価値についてのべたなかで、つぎのように書いています。

「彼が外国産業を支持せずして国内のそれを選ぶのは、専ら彼自身の安全を期するからであり、彼がその産業をその生産物が最大の価値を実現するやうにと導くのは、専ら彼自身の利得を大ならしめんとするものである。かくすることによって、彼は、他の場合にもさうであるやうに、見えざる手に導かれて彼の思ひ設けない目的を達する役に立つのである」（『国富論』旧岩波文庫版〔三〕、大内兵衛訳、五一ページ、傍線は引用者鈴木）

（3）利子の大きさはストック（資財）の量によって決まる

そこで、つぎの問題は、利子の大きさです。スミスは、利子は利潤の一部ですから、利子の大きさは当然に利潤の大きさによって決定されると考えました。平均利潤率は市場利子率によって決まるといっておきながら、利子の大きさは逆に利潤の大きさによって決定されるというのは、矛盾しているように思われるのですが、とにかくスミスは、そのように考えたのでした。そのさい利子の総額は、一国の利潤総額が多ければ多いほど大きくなり、そして、逆の場合は逆の結果とみました。そして利潤率は、資本の蓄積が進んで資本の総額が増大するにつれて、しだいに低下する傾向を持っていると考えました。

スミスの利子論にとって重要なことの一つは、利子の下落をもたらすものは、ロックなどがのべた貨幣数量の増大または貨幣価値の下落ではないと考えたことです。すなわち、スミスは、利子の下落をもたらす原因は財貨の数量が豊富であるということ、つまりストック（資財）の分量が多いということにあると考えたのです。「貨幣の利子は貯え（＝資財）の利潤とつねに歩調をあわせて、大いに減少するだろう」（『国富論』第二編第四章）――スミスは、利子率の大小を決定するものは、一国のストックの量にあるとみたわけです。その理由は、一国のストックが増えれば、資本が増えて、生産的労働者にたいする需要が増え、貨幣価値の如何にかかわらず労働の賃金は実質的に増加し、他方では資本間の競争が増大するため利潤率が低下し、利子率もまた低下せざるをえないからです（前掲『原点解説スミス「国富論」』、一四一ページ参照）。

かくして最後に、スミスの利子率制限にたいする態度はどうだったのかということになるわけですが、かれは、利子を禁止したり、利子率を制限したりして経済社会の安定を図ろうとする政策に向かっては反対することになったのです。スミスの考えによれば、利子の大小は経済社会の実質である資本の生産力を反映するものであるにすぎないのであって、利子率だけを公定したり、制限したりするのは無益であるばかりでなく、それは高利貸しや事業師たちを喜ばせるにすぎない有害なことだからです（同書、一四二ページ参照）。

「ある国ぐにでは、貨幣の利子が法律によって禁止されているところもある。しかしどこでも、貨幣の使用によって、何事かがなされうるのだから、どこでも貨幣の使用にたいしていくらかが支払われるべきである。この規制は、高利の害を防止するどころか増加させることが、経験によって判明した。債務者は貨幣の使用にたいしてだけでなく、債権者がその使用にたいする代償を受け取ることによっておかす経験にたいしても、支払いをしなければならないからである。債務者は、自分の債権者に、高利の罰にたいしていわば保険をかけてやらなければならないのである」（『国富論』（二）、一五三ページ）。

ただし、スミスは、もし利子の最高率をさだめる必要があるとすれば、それは確実な担保をもって貸し付けられる場合の利子の市場率よりも幾らか高めにしておかなければならないし、あまり高過ぎては勿論いけないとのべています。

「利子が認められている国では、法律は、高利の徴収を防止するために、刑罰にふれずに徴収できる最高率を決めるのが一般的である。この率はつねに、最低の市場価格を、すなわちもっとも確実な担保を提供できる人びとが貨幣の使用料として通常支払う価格を、いくらか上まわるものでなければならない。もしこの法定率が最低の市場率より低く定められるようなことがあれば、この固定の効果は利子の全面禁止の効果とほとんど同一であるにちがいない。債権者は、自分の貨幣をその利用の値うち以下では貸さないだろうし、債務者はその利用の値うちの全額を受けいれることによっておかす危険にたいして、債権者に支払わなければならない。もしそれがまさに最低の市場利子率のところに定められるならば、最良の担保を提供できないすべての人びとは、自国の法律を尊重する正直な人びとに信用してもらえなくなって、法外な高利貸にたよらざるをえなくなる。（中略）注意すべきは、法定利子率は最低の市場利子率をいくらか上まわるべきであるが、大幅に上まわるべきではないということである」（『国富論』（二）、一五四ページ）

スミスは、みられるように、原則として利子に人為的な規制を加えることを嫌ったものの、他方で現実の貨幣の貸借関係を客観的にみながら、極めて常識的な最高利子率の設定の仕方についてのべているのです。

（4）スミスの高利についての理論

スミスは、私がかれの経済理論をみたかぎりでは、高利にかんする議論をほとんどしていません。ですから、かれが高利の概念について、どう理解していたかということは、あまり紹介仕様がないのです。ただ、スミスは、すでにみたような高利を防止するための利子の最高利子率についてのべているのに加えて、植民地における高利徴収の実態などに言及し、さらに、そのことを踏まえて高利の原因についても若干ふれていますので、かれが高利について一定の関心をもっていたことは間違いありません。

「ベンガルやその他の東インドのブリテン植民地で大きな財産がきわめて突然かつ容易に獲得されたということは、それらの破滅した諸国では、労働の賃金がきわめて低く、貯えの利潤がきわめて高いことをわれわれに納得させるだろう。貨幣の利子もそれに応じて高い。ベンガルでは、貨幣はしばしば四〇、五〇、六〇パーセントで農業者に貸しつけられ、次期の収穫が支払いのための担保とされる。そのような利子を支払うことのできる利潤は、地主の地代のほとんど全体を食いつぶしてしまうにちがいないし、同様にそのような巨額な高利はまた、そうした利潤の大部分を食いつぶしてしまうにちがいない。ローマ共和国の崩壊以前にも、その地方総督たちの破滅的な施政のもとで、同種の高利が諸州で共通にみられたようである。キケロ（ローマの政治家で哲学者―鈴木）の手紙からわかるように、あの高徳なブルートゥスはキュプロスで四八パーセントの利子で金を貸していたのである」（『国富論』（一）、一六八ページ）

「法律の欠陥が、その国の貧富の状態が求めるものよりも利子率をかなり高く引き上げることがありうる。法律が契約の履行を強制しないときには、すべての借手が、よく規制された整った国での破産者あるいは信用の疑わしい人びとと、ほとんど同じ立場におかれる。貸手は自分の貨幣を回収することが不確実なために、破産者から通常求められるのと同じ高利貸的利子をとりたてることになる。ローマ帝国の西部諸属州を侵略した野蛮民族のあいだでは、多年にわたって、契約の履行は契約当事者たちの信義にゆだねられていた。彼らの国王たちの裁判所はめったにこれに介入しなかった。そうした古代に行われた高利率は、おそらく一部はこの原因から説明されうるだろう」（同書、一七〇ページ）

「法律が利子を全面的に禁止しているときでも、利子は阻止されない。金を借りなければならない人は多いし、金の使用によって得られるものにふさわしいばかりでなく、法律をくぐる困難と危険にもふさわしい配慮なしには、金を貸す人はいないだろう。あらゆる回教徒国民のあいだでの高い利子率は、モンテスキュウ氏によって、彼らの貧しさからではなく、一部はこのことから、また一部は金を回収することのむずかしさから説明されている」（同書、一七一ページ）

多少、長い引用になりましたが、このスミスの高利にかんする議論で注目すべきことは、二つあります。一つは、労働の賃金が極めて低いところでは利潤が高く、貨幣の利子もそれに応じて高いということをのべている点です。スミスは、利潤および利子は労働の賃金を低くおさえることで高くなっているのだとみたのです。かれの理解はただそれだけの話のようなのですが、利潤および利子が労働の賃金と関係があるとみた点は、示唆的です。

利潤および利子は、労働者の剰余労働力から生み出された剰余価値が充てられます。しかしスミスが外見的にみた当時の状況は、支配者たちが、生産者たちが生みだした剰余価値部分だけではなく、生産者の生活に必要な取り分までも巻き上げていたというのが実態であったのではないかと思われます。そして、植民地における利子徴収のなかには、スミスが「巨額な高利はまた、そうした利潤の大部分を食いつぶしてしまうにちがいない」とみたように、略奪的な高利を課していた例も多々あったのではないかと思われます。ですからその結果、賃金が低い一方で、利潤も貨幣の利子も高かったのです。スミスは、その内実を見分けることはできませんでしたが、ほんの少しだけはその実体に近づいていたのではないかと思われます。

二つ目の注目点は、スミスが法定利子率と実際の利子率にかかわることにふれていることです。かれは、法律の欠陥が利子率をかなり高く引き上げていること、また法律が利子を全面的に禁止しているときでも、利子は阻止されないとのべています。スミスは、その原因をいずれもモンテスキューの利子についての考えを引いて、金を借りなければならない人が多いという借り手側（債務者側）の事情と、金を回収することの不確実さ、難しさという貸し手側（債権者側）の事情で説明しています。

高利貸し付けは勿論、まずは借り手側と貸し手側の貸借関係の事情が合致した場合に発します。しかし、高利発生の主たる原因は、貨幣所有者が貸し付けを通じて、そしてどんな手段でも使って、借り手から搾りとろうという欲望をもっていることに起因します。ですから、高利貸しは、法的規制の規範がよわければ、また借りる側のよわみがあればそれに付け入って、高利を誅求するのです。これが、高利資本の本性です。したがって、高利の原因を金の回収の難しさにあるとするスミスの考え方は、高利資本の本性をみないで、現象に眼をとられた見方にすぎません。このような考え方は、今日のわが国の貸金業者が、リスクに応じた金利の設定が必要だなどといって、自らの高利貸金業行為を正当化する理屈をのべているのと同じです。

ただ、利子および高利にたいする認識は、その時々の時代の状況を反映します。スミスが生きた時代は、一七六〇年からはじまった産業革命の時代でした。しかし、スミス自身は産業革命の技術上の革命を十分体験することができず、したがってかれがみていたのは、本格的な機械制大工業ではなく、その一歩手前の分業を主体として成立していたマニュファクチュアだったのです（前掲『アダム・スミス』、九七〜九八ページ参照）。マニュファクチュアは、資本家と労働者が互いにまだ独立し合う関係にいたっていなかったために、剰余価値生産の物質的基礎に大きな限界を持っていた時代でした。スミスは、労働価値説を打ち立て、そして剰余価値の観念に事実上接近していました。それでもかれが利子の源泉である剰余価値について、資本の運動の見地から正確に認識することができず、したがってまた利子および高利の本性についての認識が十分できなかったのは、当時の時代の反映だったのかもしれません。

3　マルクスの利子論

(1) 利子は剰余価値の一部分

マルクスが生きた時代は、スミスの場合とは違って、機械制大工業が確立されて、商品の生産過程で労働者の剰余労働から生まれる価値を搾取する物質的基礎ができあがり、産業資本が本格的に機能し出した時代——イギリスにおいては一八世紀の三分の二期以降——でした。ですから、マルクスは、貨幣の貸し付けに伴う利子については貨幣資本の運動という、いわば資本の論理レベルから、しかも労働者階級の立場に立ってそれを考えたのでした。

マルクスは、『資本論』において、建部正義氏の適切な指摘によれば、つぎの三つのことを主張しました。①資本主義的生産において貨幣は、利潤(平均利潤)を生み出す可能的な資本あるいは潜在的な資本という属性を持つものとして、利子生み資本(貸付資本)という特殊な商品となる。②利子は、こうして生み出された利潤のうち、利子生み資本の借り手(機能資本家)が貸し手(貨幣資本家)にたいして支払う部分の、特殊名・特殊項目以外のなにものでもありえない。③利子率は、平均利潤率の範囲内で、機能資本家と貨幣資本家との間での利子生み資本をめぐる需給・競争関係によって決定される以外に法則はなく、自然的利子率といったものは存在しない(建部正義著『はじめて学ぶ金融論』大月書店、三二～三三ページ参照)。

「利潤のうち彼が持ち主に支払う部分は利子と呼ばれるのであり、したがって、これは、利潤のうち、機能資本〔家〕が自分のポケットに入れずに資本の持ち主に支払わなければならない部分を表わす特殊な名称、特殊な項目にほかならない」（『資本論』新日本出版社、新書版⑩、五七三〜五七四ページ）

ここでマルクスがいっている「資本の持ち主」というのは、貸し手である貨幣資本家です。貨幣資本家にたいして貨幣の借り手である機能資本家（産業資本家および商業資本家）は、いったい何を支払うというのでしょうか。それは、産業資本家がえた利潤＝剰余価値の一部です。商業資本家の場合も同じです。産業資本家がえた利潤＝剰余価値の一部が商業利潤として、産業資本家の商品販売のいわば代理人である商業資本家にまずわたり、それがさらにその一部が貸付資本家の手にわたるのです。剰余価値の一部というところがポイントです。全部であれば、機能資本家による再生産活動が成り立ちません。

「借り手はそれを実現された資本として、したがって価値プラス剰余価値（利子）として、返済しなければならない。そしてこの後者（利子）は、彼によって実現された利潤の一部でしかありえない。一部にすぎず、全部ではない。というのは、借り手にとってはその使用価値は、それが彼のために利潤を生産するということだからである。（中略）

貸し手と借り手とは、いずれも同じ貨幣額を資本として支出する。しかし、それが資本として機能するのは、後者の手中においてだけである。同じ貨幣額が二人の人物にとって資本として二重に定在することによって、利潤が二倍になりはしない。利潤の分割によってのみ、それは両者にとって資本として機能することができる。貸し手のものとなる部分は、利子と呼ばれる」(『資本論』新書版⑩、五九七〜五九八ページ)

マルクスの利子についての考え方は、利子は利潤の一分割部分であるとするスミスの考えをさらに進化させたもので、利子は利潤すなわち剰余価値の一部分にほかならないとする、いわば「剰余価値利子説」ともいえる利子論です。いうまでもなく、機能資本家が自己資本のみを使用した場合は、利潤のこのような分割は生じません。利潤は、全部機能資本家のものとなるからです。利子は、資本家が貨幣資本家と機能資本家に分化したことによる結果作り出された範疇《はんちゅう》なのです。ですから、マルクスは、「利潤の一部分を利子に転化し、一般に利子というカテゴリーをつくりだすのは、資本家たちの貨幣資本家たちと産業資本家たちへの分化だけである」(同書、六二七ページ)とのべています。

では、この剰余価値の一部である利子は、具体的にはどのようにして生まれるのでしょうか。剰余価値の学説は、マルクスがはじめて唱えたものです。マルクスは、資本主義社会において剰余価値がいかにして生じるかを研究し、それは産業資本家による労働力の消費過程である資本の生産過程で生じるしかないことを発見しました。

生産過程では、労働者の一日の労働は労働力の一日分の価値(賃金)に等しい価値を生産したうえに、さらにそれを上回る価値を生産します。この価値が、剰余価値です。すなわち、労働者の労働は、労働力の等価分を生産する必要労働（賃金の支払いを受ける支払労働）とそれ以上の剰余価値を生み出す剰余労働（賃金が支払われない不払労働〔賃労働の搾取〕）の二つの種類の労働によって成っているわけです。

この剰余価値の生産には、絶対的剰余価値の生産と相対的剰余価値の生産の二つの方法があります。絶対的剰余価値は、必要労働時間を変えないで、労働日（時間）の延長によってえられる剰余価値です。労働力の価値を一定とすれば、資本家は、労働日（時間）を延長することによって、より多くの剰余価値を獲得（搾取）することができます。

他方、相対的剰余価値は、労働日（時間）は変わらなくとも、労働力の価値の減少に伴って剰余労働時間が増大する結果としてえられる剰余価値です。生産方法が協業や分業の発展、そして機械制大工業などの発展によって労働生産性が高まり、労働者の消費手段がより安く生産されるようになると、労働者の生計費も少なくてすみますから、労働力の価値も低下します。そのため、必要労働時間がちぢまり、それに応じて剰余労働時間が延びて剰余価値が増加し、搾取がつよめられます。

剰余価値はこうして生まれるのですが、それは商品の価値に体現され、そしてそれが売られることによって、産業資本家の利潤として、また商業資本家の商業利潤としてかれらの手にわたるのです。

「ある商品の価値は、それにふくまれている労働の総量によって決定される。だがその労働量の一部は、賃金というかたちで対価が支払われた価値に体現されており、他の一部は、なんの対価も支払われなかった価値に体現されている。商品にふくまれている労働の一部は支払労働であり、一部は不払労働だ。したがって資本家は、商品をその価値どおりに、すなわち商品に費やされた総労働量の結晶物として売ることによって、必然的に、利潤を得てこれを売ることになる」（マルクス『賃金、価格、利潤』大月書店、国民文庫、六二ページ）

こうして産業資本家がえた利潤は、専門的に貨幣資本の取り引きをおこなう銀行家などの貸付資本家と機能資本家間で貨幣の貸し借りがおこなわれた場合には、その利潤の一部、したがって剰余価値の一部が利子という形態で貸付資本家の手にわたるのです。

（2）利子の大きさは平均利潤が限界

ところで、剰余価値の一部が利子という形態で貨幣所有者の手にわたるといった場合、その利子の大きさは、通常はどれくらいの大きさなのでしょうか。マルクスは、利子は利潤の一部にすぎないから、利潤そのものが利子の最高限度としてあらわれるとのべ、実際は利潤より小さくなるとのべました。それは、産業資本家の場合でいえば、利潤の全部を利子として支払ってしまったら、地代を支払えず、企業者利得も入らなくなり、再生産が不可能になってしまうからです。

「利子は産業資本家から貨幣資本家に支払われるべき利潤の一部分にすぎないのだから、利潤そのものが利子の最高限度として現われ、その場合には、機能資本家に帰属する部分はゼロとなるであろう。利子が実際に利潤よりも大きいような個々の場合――しかし、またその場合には利子は利潤からは支払われえないが――を度外視すれば、利子の最高限度は、全利潤、マイナス、のちに展開されるはずの〔本巻、第二三章〕、全利潤のうち監督賃金に解消されうる部分、であるとみなすことができるかもしれない。利子の最低限度を規定することはまったくできない。それはどんな任意の低さにでも下落しうる。しかしその場合には、反対に作用する諸事情が繰り返し現われて、利子をこの相対的な最低限以上に引き上げる」(『資本論』新書版⑩、六〇五～六〇六ページ)

利子率がどんな任意の低さにでも下落しうるというのは、今日のわが国の公定歩合および銀行の利子率の状況をみただけでも明らかです。スミスは、さきにみたように、利子率には自然率があると考えて、イギリスの王政復古前後頃は法定利子率が五～一〇パーセントのあいだでさだめられ、七年戦争(一七五六年)以前の利子率は三・五～四・五パーセントにあったというようなことを、観察にもとづいてのべています。スミスは、別段根拠があってのべていたわけではなく、自然的利子率がまずあって、その上下に市場の利子率が変動しているのだとみただけなのです(『国富論』岩波文庫(一)、水田洋監訳・杉山忠平訳、一五九ページ参照)。

しかし、現実の利子率は、貸付資本にたいする需給関係と諸般の競争的関係が作用して決まっているわけで、自然率で成り立っているのではありません。マルクスがのべているように、極端に下落する場合も、また反対に利潤そのものの高さまで引き上げられる場合もあるのです。

そこで問題は、利子率はどのようにして決まるのかということです。利子の大きさはどのくらいなのかということは当然、貨幣を借り入れて産業や商業をおこなう人びとにとっては、死活にかかわる問題です。モンテスキューは、商業資本家にたいする貨幣貸借にかんしてですが、「商業がうまく行なわれうるためには、金銭がある代償をもち、しかも、この代償があまり高くないことを要する。これがあまりに高ければ、大商人は自分の商業において儲けうるよりも利子の方が高くつくことをみてとって、なにも企てない。もし金銭が代償をもたないと、誰もそれを貸す者がなく、大商人もまたなにも企てない」(『法の精神』岩波文庫(中)、三三四ページ)とのべています。

利子率は貸し付けられた貨幣資本にたいする利子の大きさの比率ですが、マルクスは、この利子率の上の限界は平均利潤だとみたわけです。資本主義社会ではさまざまな生産部門の資本同士が競争を通して、すべての生産部門の利潤は平均化され、平均利潤率が形作られるからです。そして、実際の利子率の大きさは、この平均利潤の限界内で貸し手と借り手間の貸付資本をめぐる需給および競争関係で決まり、通常は平均利潤よりもかなり低いのが普通であり、資本主義が発展するにつれて低下する傾向にあります。これは、利子率を規制する利潤率自体が、資本主義的生産が発展すればするほど低下(利潤率の傾向的低下の法則)するからです。

「他の事情がすべて同じとすれば、すなわち、利子と総利潤との比率が多かれ少なかれ不変であると仮定すれば、機能資本家は、利潤率の高さに正比例して、より高い、またはより低い利子を支払うことができるし、また支払うことを承諾するであろう。すでに見たように、利潤率の高さは資本主義的生産の発展に反比例するのであるから、その結果、一国における利子率の高低は、とくに利子率の相違が現実に利潤率の相違を表現する限りでは、産業的発展の高さにたいして同じく反比例するということになる」（『資本論』新書版⑩、六〇七ページ）

（3）利子率は貸し手と借り手間の競争における力関係に委ねられる

それから、利子率が決まる原因のなかに貸し手と借り手間の「競争関係」があると紹介しましたが、この競争関係とは、貸し手側（貨幣資本家）の支配能力と、これにたいする借り手側（機能資本家）の支払い能力や交渉能力などについての競争的な力関係のことです。つまり、利潤の分割をめぐる競争のことです。そのさい、法的規範などの状況が関係することは、いうまでもありません。

「答えは単純に利子の本性のなかにある。利子は平均利潤の一部にすぎない。同一の資本が、貸し手の手中では貸付可能な資本として、機能資本家の手中では産業資本または商業資本として、二重の規定において現われる。しかし、この資本はただ一回機能するだけであり、利潤ですらただ一回生産するだけである。生産過程そのものにおいては、貸付可能な資本としての資本の性格は、なんの役割も演じない。この利潤にたいする請求権を有する両人物（貸し手と機能資本家）がそれをどのように分け合うかは、一会社事業の共同利潤の、さまざまな出資者たちのあいだへの百分率的分け前の分割と同様に、それ自体が純粋に経験的な、偶然の王国に属する事実である」（『資本論』新書版⑩、六一四〜六一五ページ）

マルクスは、利子生み資本の役割は生産過程における役割にあるのではなく、ただ貨幣資本を借り手に貸しているだけであり、そして利子率は利潤にたいする請求権を持っている貸し手と借り手間の競争における力関係に委ねられるほかない、とのべているのです。そのさい、マルクスは、競争の結果決定される利子率の規定はそれ自体偶然的であり、純粋に経験的なものであるといっています。そして、習慣や法律的伝統なども、利子が計算されなければならない多くの訴訟においてはもともと、中位の利子率は合法的なものとして、実際の大きさとして採用しなければならないから、競争そのものと同様に、利子率の規定にかかわりがあるとのべています。したがって、マルクスは、利子の自然的利子率というものは存在しないというのです。

「一国で支配する平均利子率は――つねに変動する市場利子率とは違って――決して法則によっては規定されえない。経済学者たちが自然的利潤率と自然的労賃率とについて語るような意味での、自然的利子率というものは存在しない」（『資本論』新書版⑩、六一三ページ）

スミスをはじめとする古典派経済学者たちは、利潤が貸し手と借り手間で利子と企業者利得に分割されるという内的関連を解明できていなかったため、何か利子の動きを観察的、経験的にみて、ほかのいろんな利潤の法則や賃金の法則などと同じように自然率があるのではないかというふうにみてしまったのです（宮川彰著『『資本論』第2・3巻を読む』学習の友社、下、二六四ページ参照）。

利子率はこのような関係によって決まるわけですから、この利子の問題を貸し手と借り手当事者間の単純な需給関係だけに放任すれば、借り手は往々にしてよわい立場にあるため、利子生み資本による貨幣貸し付けは、高利貸し付けに簡単に転化してしまう可能性があります。マルクスが「高利貸しは、貨幣を必要とする人々の債務履行能力または抵抗能力以外には、まったくなんの制限も知らない」（『資本論』新書版⑪、一〇四五〜一〇四六ページ）とのべたことには、そういう意味合いもふくまれているのです。

（4）マルクスの高利についての理論

マルクスは、『資本論』第三巻第五編第三六章で、いわば「高利資本論」ともいうべき高利についての理論を展開しています。本書所収の各論文は、じつはこのマルクスの「高利資本論」における理論を手がかりにしてできあがっています。ですから、ここではマルクスの高利にかんする理論の詳細な紹介ではなく、いくつかの特徴を紹介して、説明に代えさせていただきたいと思います。

高利資本は借り手の一切を搾取・収奪する

その特徴の一つは、マルクスが高利貸し付けの本質は借り手のいっさいの剰余部分を利子として吸収して搾取・収奪するところに、その苛酷さがあることを明らかにしたことです。剰余部分というのは、第一は労働者が生産過程で生み出す剰余価値（資本家が利潤として取得する価値）であり、第二は農民や自営業者などの小生産者が生み出して所得する価値のうち生活資料を超える剰余労働の価値がそれに該当します。しかし、高利貸しは、それだけではなく、借り手の生活や生産に必要ないっさいの価値を呑み込んでしまう場合も往々にしてあるのです。たとえば、労働者の賃金のなかからサラ金などが収奪する価値は、労働者が自らの生活を維持するための必要労働によって資本家から受け取った価値です。高利貸しは、「消費者金融」などと称して、こういう労働力の価値も呑み込んでしまうのです。

ですから、マルクスは、高利貸しは「すべての剰余労働を取得する」とのべたうえで、さらに「剰余労働をしぼり取るだけでは満足せず、しだいにこの犠牲者の労働諸条件そのもの――土地、家屋等々――にたいする所有権原を獲得し、こうして彼の犠牲者を収奪する」とのべています。また、かれは、今日のわが国におけるクレジット・サラ金などの消費者信用による被害者のことについてのべているかのように、「賃金奴隷は真の奴隷と同様に、その立場によって――少なくとも生産者としての資格においては――債務奴隷になることは不可能である。彼が債務奴隷になりうるのは、せいぜい消費者としての資格においてだけである」（『資本論』新書版⑪、一〇四〇ページ参照）とのべています。

マルクス以前の思想家たちは、この高利貸し付けの搾取と収奪の本質を見抜くことができませんでした。その一番の理論的な原因は、利子の源泉である剰余価値を見出すことができなったことにありました。利潤にしても、また利子にしても、その価値の出所は、すべてが剰余労働にもとづく価値です。高利貸しの一番の狙い所は、この価値の収奪であり、略奪なのです。

高利資本は資本の搾取様式を持っている

特徴の二つ目は、マルクスが高利貸し付けの搾取様式を明らかにしたことです。つまり、高利貸し付けが搾取と収奪の本性を有しているのは、そうした様式をそもそも持っているからなのだ、ということを明らかにしたのです。「高利資本は、資本の生産様式をもつことなしに資本の搾取様式をもっている。この関係は、ブルジョア経済の内部においても、遅れた産業諸部門、または近代的生産様式への移行に反抗する産業部門で繰り返される」（『資本論』新書版⑪、一〇四四ページ）。

高利資本は、その貨幣の運動形式だけをみれば、近代的利子生み資本と共通しています。しかし両者の存立基盤や運動法則は、まったくことなるのです。近代的利子生み資本が産業資本の再生産的循環（資本の再生産過程）を前提として、産業資本がえた剰余価値の一部を平均利潤率の範囲内で利子として取得するのにたいして、高利資本は単純な商品＝貨幣の流通のみに依拠して高利を取得するのです。したがって、高利資本は、産業資本の生産過程を全般的に把握することなく、ただその生産様式に外側から寄生し、社会各層の貨幣不足に乗じて高利を誅求するのです。つまり、高利資本は、搾取様式だけはしっかりと持っているのです。

当然のことながら、搾取様式は、人間が自分自身の生活を維持するのに必要な生産物を上回る剰余を作り出しうるほどに生産力が発展して、生産手段の所有関係に応じて階級が存在しているることが条件です。生産力がいちじるしく低いために剰余生産物を生み出すことができず、しかも生産手段が共有されていて階級が存在しなかった原始共産制社会においては、搾取は存在しませんでした。奴隷制の階級社会が成立してはじめて、奴隷主による奴隷の搾取がおこなわれ、高利による搾取もおこなわれるようになったのです。マルクスは、高利貸しにたいする民衆の憎悪は古典古代世界においてもっとも激しかったとのべています。

「高利は、生産諸手段が分散しているところで貨幣財産を集中する。高利は生産様式を変化させず、寄生虫としてこれに吸いつき、これを悲惨なものにする。高利は生産様式の血を吸い取り、衰弱させ、ますます哀れな諸条件のもとで再生産が進行することを余儀なくさせる。それゆえ、高利にたいする民衆の憎悪は、古典古代世界においてもっとも激しかったのである」(『資本論』新書版⑪、一〇四二ページ)

高利資本の本性は資本主義社会でも変わらない

特徴の三つ目は、マルクスが、高利資本は発展した資本主義的生産様式の社会においても存続するとのべて、それを論証していることです。その形態についてのマルクスの理論については本書の第2章、その他でふれていますので、繰り返しません。ここでは、マルクスが、発展した資本主義的生産の国民のもとで高利資本が機能する場合でも、それが有する本性は変わらないとのべていることを紹介しておきたいと思います。

「資本主義的生産様式の本質的な一要素をなす限りでの利子生み資本を高利資本から区別するものは、決してこの資本の本性そのものまたは性格そのものではない。利子生み資本が機能するさいの諸条件が変化し、それゆえまた、貨幣の貸し手に相対する借り手の姿態がすっかり変化しただけである」（『資本論』新書版⑪、一〇四九ページ）

高利資本の本性または性格は変わらないで、利子生み資本が機能するときの「借り手の姿態」が変わっただけであるといっているのです。たとえば、わが国の「消費者金融」と称するサラ金は、その典型例です。この利子生み資本による高利貸しの形態、すなわち小口信用貸しは封建制社会の江戸時代からありましたが、この形態が本格的に機能するようになったのは、一九七〇年代半ば以降のことです。要するに、資本主義的生産様式の社会における大量生産、大量販売、大量消費という、貨幣の借り手を取り巻く条件の変化によって、「借り手の姿態」がすっかり変化しただけなのです。

高利資本を打ち破る方策を示唆している

特徴の四つ目は、マルクスが高利の尺度を示し、同時に高利を打ち破る方策を示唆していることです。利子の大きさについてのべたさいに少しふれましたが、高利貸しは借り手側の債務履行能力または抵抗能力以外には、何の制限も知らないのだと、マルクスは『資本論』において断言しています。これは、マルクスが高利の尺度を示している理論です（「制限」と書いていますが、草稿では「尺度」となっています）。高利資本の性格との関連で、利子率の度合いをみているわけです。マルクス以前の思想家や経済学者たちの多くは、利子率の決定原因を貸付貨幣の需要と供給の単純な関係でしかみませんでした。しかしそうした利子論だけでは、高利の説明が十分につかないのです。高利資本の性格との関連付けが抜けているからです。

このことは、利子生み資本の展開の発展過程をみれば分かります。すなわち近代的信用制度または銀行制度は、一七世紀後半頃に生きた産業資本家や商業資本家たちが利子生み資本を自分たちに従属させようとして、「強力な高利排撃」（マルクス）の運動を起こして作り出したものです。それまでの高利貸しは、独占的地位をほしいままにして、産業資本家および商業資本家たちを完全に従属させてきていたのです。こうした歴史的事実を踏まえて客観的にみると、現代において高利貸しが依然として吸着している大きな原因は、貨幣の借り手に属する階層または階級が高利資本に多かれ少なかれ従属させられていることにあります。* この階層や階級に属する人びとが、高利貸しの搾取と収奪から抜け出す道は、現代における「強力な高利排撃」

の運動を展開して、法定利子率の引き下げをはじめとする制度やしくみを変える以外にないのです。つまり、高利貸しとの力関係を変える以外に方法はないのです。

＊ マルクスは、当時の利子生み資本の貸し出し形態によって、労働者階級が「天に向かって絶叫するほどだまされている」（『資本論』新書版⑪、一〇六七～一〇六八ページ）と書きました。そのさいかれは、労働者階級は生活諸手段を供給する小売商人によっても、生産過程そのものにおいて直接おこなわれる本源的搾取と並行して、販売と貸し付けの形態で二次的搾取がおこなわれていることを、付け足してのべています。こうしたマルクスの見地からすれば、現代の労働者階級は、高利貨幣の貸し付けとクレジット・カードを使った商品販売の形態で二次的搾取をされ、したがって高利資本に多かれ少なかれ従属させられていることになります。

そのさい、誠に厄介なことは、高利を排撃して作り出された近代的信用制度または銀行制度にもとづく金融機関が今日、「貸し渋り」にみられるように、一方で庶民や中小企業にたいする貸し出しを渋り、他方で預金貨幣を投機の「マネーゲーム」に振り向けて悪事を働いていることです。「銀行制度によって、資本の配分は、一つの特殊的業務として、社会的機能として、個人資本家および高利貸したちの手から取り上げられている。しかし銀行および信用は、このことによって同時に、資本主義的生産を駆り立てて、それ自身の諸制限を踏み越えさせるもっとも強力な手段となり、また、恐慌とぺてんとのもっとも有効な推進力の一つとなる」（『資本論』新書版⑪、一〇六三ページ）。百数十年も前にマルクスが「恐慌とぺてん」とのべた銀行の振る舞いは、じつは今日でもまったくその通りであって、そのうちには、以前とは違って、高利貸しの取り込みまでふくまれています。

今日の労働者階級が、したがって国民が、昔と同じように、いやそれ以上に利子生み資本による搾取やぺてんに直面しているのを目の当たりにすると、そこからの打開の方策は、「強力な高利排撃」の運動をふくむ信用制度全般を変える大きな運動の展開以外にないのではないかと、私は思います。マルクスは、利子率の制限や法定利子率の問題にはあまりふれていなかったのですが、高利を打破する方策については示唆していたのです。

マルクスの「高利資本論」の特徴は、ここで紹介した四つの特徴にかぎりません。マルクスの理論には、もっとみておかなければならないことがたくさんあります。ただここで最後に強調しておきたいことは、マルクスが展開した理論は今でも生きているということです。そのことは、たとえば、あのアメリカにおける高利サブプライムローン問題にみられるような現実が、何より証明しています。高利貸しは、銀行家や投機家などと相まって、ローン利用者を困窮化させ、同時にグローバルな規模で「生産諸力を発展させずに麻痺させ」(マルクス)ているのです。

第4章　高利貸しの本性とは何か

1　搾取・収奪によって借り手を破滅させる

　貨幣は、貨幣蓄蔵者のもとにある貨幣が貸し付けられ、それによって利子がえられることになると、所有者にとっては利子を生む貨幣に転化します。つまり、貨幣は、利子生み資本（貸付資本）に変わります。この利子生み資本は、すでにみたように資本主義的生産様式の社会が生まれる以前から存在していました。その借り手は主として、浪費的な貴族や農民などの小生産者たちでしたが、かれらとは別な立場にあった小商人たちも同じく貨幣を借りて商業を営んでいました。

　そこで問題は、資本主義社会より以前の経済において展開された貨幣貸し付けは高利貸し付けであったこと、そして、その高利資本が単に貸付利子率が高かっただけではなく、借り手を利子徴取によって搾取・収奪して、破滅させるという本性を有していたということです。さらに問題なことは、こうした高利資本の本性は今日の社会においても何ら変っていないことです。したがって、この本性は、高利資本がどのような形態としてあらわれようとも、変わらないのです（高利資本のあらわれに三つの形態があることは、第2章の冒頭でふれた通りです）。

マルクスは、高利資本は古典的・封建的富および所有にたいして転覆的かつ破壊的に作用し、小農民的・小市民的生産にたいしてはそのすべての形態を転覆し破滅させるとのべています。そして、資本主義的生産様式のもとでは、生産様式を貧困化させ、生産諸力を麻痺させ、悲惨な状態を永久化し、同時に直接的生産者たちのすべての剰余労働を取得するとのべています（『資本論』新日本出版社、新書版⑪、一〇四〇～一〇四一ページ参照）。さらに、マルクスは、つぎのようにのべています。

「高利は生産様式を変化させず、寄生虫としてこれに吸いつき、これを悲惨なものにする。高利は生産様式の血を吸い取り、衰弱させ、ますます哀れな諸条件のもとで再生産が進行することを余儀なくさせる」（同書、一〇四二ページ）

「蓄蔵貨幣の形成は高利においてはじめて現実的となり、その夢を実現する。蓄蔵貨幣の所有者が求めるものは、資本ではなく、貨幣としての貨幣である。しかし彼は、利子を通して、この蓄蔵貨幣を自分のために資本に――すなわち、剰余労働の全部または一部分、同じくまたたとえ名目的にはなお他人の所有として彼に対立していようとも、生産諸条件そのものの一部分を支配するための手段に——転化する。高利は、エピクロスによれば、神々が世界の空隙に住んでいるように、生産の気孔中に住んでいるようである」(同書、一〇四五ページ)*

＊　エピクロスは、古代ギリシアのアテナイで学園を開き、デモクリトスの流れをくむ原子論を基礎とする実践哲学を説いた哲学者。エピクロスによれば、神々は、無数の世界の間の空虚な中間界に住み、何者にも煩わされない幸福な生活を送っているとされています（『資本論』新書版①、一三五ページ参照）。

そもそも高利は、高利資本の人格的担い手である蓄蔵貨幣所有者が、貸し付けを通じて借り手から搾りとろうという飽くなき欲望を持っていたことにまず起因します。そして、一方では借り手が貨幣の必要にせまられて、貨幣貸し付けを独占していた貸し手の要求に屈するよりほかならなかった、という事情もまた高利を可能にしたのでした。

そのために、資本主義社会における一般的な利子が原則として産業利潤の一部分にかぎって支払われるのにたいして、高利貸し付けにおいては、経済生活の余力部分全部が利子として吸い取られてしまうのです。ここに高利貸し付けの本質があり、その苛酷さの所以があるのです。したがって、ひとたび、高利貸しの手にとらえられた人は、その状態から抜け出すことはほとんど不可能でした。

具体的にいえば、たとえば農民などの独立小生産者は、高利貸し付けを受けると、かれの生活維持に必要な手段を超えるすべての超過分が利子の名のもとに吸い取られてしまい、自己の生産条件を改善することはおろか、その修復さえもする余裕がなくなってしまいました。その結果、かれの生産力は衰退し、生活は困窮化していくよりほかに仕様がなくなってしまったのです（渡邊佐平著『金融論』岩波全書、四五〜四九ページ参照）。

2　高利資本は資本の搾取様式を持つ

（1）貨幣資本の運動形式と高利資本

本質的に搾取と収奪を本性とする高利資本は、ではどのような搾取様式の運動形式を持っているのでしょうか。

利子生み資本の一般的な運動形式は、G（貨幣）—W（商品）—G'（貨幣）という貨幣資本の循環にもう一つG……G'という枠をかぶせたG—G—W—G'—G'で示されます。G'は、G＋gです。gは、利子をあらわしています。最初のG—Gは、貸し手から借り手に貨幣の位置が変わったことをあらわしています。つまり、貨幣の貸し付けがおこなわれたことをあらわしています。最後のG'—G'は、貨幣所有者の手に、所有権にもとづいて貨幣が還流したことがおこなわれたことを示しています。これが利子生み資本の運動形式の図式です。

ただし、この形式自体は、貸し手、つまり貨幣資本家からみた場合はあまり重要なことではありません。貨幣資本家にとっては、形式はどうであれ、貸し付けたお金が利子付きで戻ってくることが最大の関心事だからです。

しかし、貨幣資本家が利子付きのお金を実際に手にするためには、貸し付けられた貨幣資本が、生産資本および商品資本の運動と結び付いて、$G—W(A+Pm)……P……W'—G'$（Aは労働力、Pmは生産手段、Pは生産のこと）という形式で循環運動——資本は、貨幣資本→生産資本→商品資本→貨幣資本というように形態を変化させます——をおこなうことが必要です。貸し付けられた貨幣は、貨幣そのものの運動（流通）だけではけっして利子を生み出さないからです。

ここでGがG'となるのは、貸し付けられた貨幣が資本として機能し、資本の循環運動のなかの生産過程Pにおいて生み出される剰余価値を伴って、$G+g$として復帰するためです。

問題は、では高利貸付資本の運動は、いったいどういう形式になっているのかということです。高利資本の運動形式は、同じ利子を生む資本の運動でありながら、通常の利子が生まれる展開形式とは違った内実になっているところにあります。通常の貸付資本の利子の場合は、すでにみたような資本の循環運動、すなわち資本主義的生産様式を基盤にして想定され、かつ徴取されています。しかし、高利資本の場合は、資本の循環運動を基盤としない、ただ貸付貨幣の流通だけに、すなわち、$G—G'$にだけ眼を付けた単純な運動なわけです。高利貸しは、貨幣資本の循環過程（$G—W……P……W'—G'$）、とくに生産過程（P）にはまったく関心を寄せず、もっぱら$G—G'$の最大化、とくにG'の最大化に眼の付け所を置くのです。その結果、必然的に過剰貸し付けと高利の誅求《ちゅうきゅう》が特質となります。高利貸しがもとめるものは、まさに「資本ではなく、貨幣としての貨幣」なのです。

マルクスが「高利資本は、資本の生産様式をもつことなしに資本の搾取様式をもっている」(『資本論』新書版⑪、一〇四四ページ)とのべたのは、そういう意味です。しかし、高利といえども、そのみなもとは、人間の生産的労働が生みだす価値です。高利貸しは、その価値を搾取、収奪してしまうところに特性があります。高利資本は、生産様式を変化させず、寄生虫としてこれに吸いつき、直接的生産者たちのすべての剰余労働を取得してしまうのです。

こういう高利資本による貸し付けは、すでにのべたように、近代的信用制度が生まれる資本主義以前の時代の社会においては貨幣貸し付けの主たる形態をなしていました。そして、資本主義的生産様式の条件下でも、銀行などの金融機関の融資がおよばない領域への貸し付けの場合に発生しているのです。

そこで、この高利貸し付けにおける貨幣資本の運動実態を具体的にみれば、そこには、二通りの形態があります。その一つは、近代的信用制度確立前の浪費的な貴族や小生産者への高利貸し付け、また、近代的銀行制度や信用制度確立後のクレジット・サラ金業者などによる農民などの小生産者や労働者・消費者にたいする高利貸し付けにみられる形態です。後者の場合の貸付金は、主として購買における支払手段に使われます。

二つ目は、資本主義的生産様式のもとでの中小企業経営者(中小の産業資本家や商業資本家）にたいする高利貸し付けの場合にみられる形態です。ただし、商人の場合は内実（商業資本としての利用）が若干ことなっており、また今日の高利商工ローンによる中小零細事業者にたいする貨幣貸し付けは、実質的に個人自営業者なのか、それとも法人企業なのかなどによって、一番目の形態に属する場合もあれば、二番目の形態に属する場合もあります。

（2）クレジット・サラ金などによる搾取様式

まず、一つ目のクレジット・サラ金などの高利貸し付けの場合の運動形式は、貸し手から借り手への貨幣の位置転換であるG—Gと、借り手から所有者へ貨幣が還流するG'—G'で示され、生産過程、つまり価値を生み出す過程であるG—W—G'が完全に抜け落ちています。貸し出された貨幣が、価値＝利潤を生み出す生産のために投下されないで、主として個人的な消費に使用されるからです。この貨幣資本の運動形式には、結局、剰余価値を生み出すという生産資本の機能的な運動と結び付いていないのです。

したがって、このさいの利子は、資本が機能した結果としての利潤、すなわち剰余価値のなかから支払われるわけではなく、借り手が大土地所有者であれば、その封建的な地代収入から支払われ、また、借り手が農民などの小生産者であれば、かれが自ら生み出す生産物価値（所得）のうちから支払われるのです。こんにちの消費者信用の場合は、主として借り手の所得または賃金のなかから支払われます。

ですから、貨幣蓄蔵者の貨幣が利子生み資本に転化したといっても、この貨幣貸借は、資本の生産様式を基盤として成り立っているのではありません。言い換えれば、この場合の利子生み資本は、そもそも利子を生み出しようがないG—G'という形式だけで成り立っているのです。高利貸し付けの場合に利子率の大きさにまったく限界がない理由は、まずもって、このような貨幣資本の極めて非合理的な運動形式のなかに見出すことができます（前掲『金融論』、四〇ページ参照）。

このことを、今日の消費者信用の場合でみると、借り手が高利の返済原資に充てることができる貨幣は、賃金などの収入の、本来消費に充てるべき可処分所得——実収入から税金（間接税をのぞく）や社会保険料などを差し引いた金額——部分です。労働者の場合は、賃金がそもそも自分の労働力を再生産するのに必要な金額しかえていないのが普通ですから、高利の借入金を負担する余力はもともと持っていません。したがって、借り手が過剰に負債を抱え込んでしまった場合は、家計が破産してしまいます。また、借り手は、貸し手との力関係しだいでは、経済生活に必要な部分全部を利子として収奪・略奪されてしまいます。

このため、高利貸しは、今日社会問題になっているサラ金やヤミ金に典型的にみられるように、法的な規制が不十分だったり、行政における取り締まりが野放図であれば、過剰な貸し付け（押し付け融資）と苛酷な取り立てをおこない、際限のない収奪・略奪を強行するのです。この収奪・略奪という高利貸しのおこないは、債務者の命を担保に取った貸し出しにまでおよんでいます。サラ金業者は、借り手を被保険者にして掛けている生命保険「消費者信用団体生命保険」（団信保険）を活用し、借り手の死亡・自殺によって多額の保険金を受け取っているのです。* マルクスは、高利は貧乏な小生産者の血を吸い取るといいましたが、わが国の高利貸しは、まさに人の生き血を吸い取るという所業までおこなっているのです。こうした所業は、高利貸しの本性を示すものとして、しっかりとみておく必要があると思います。

* 団信保険は、サラ金業者が生命保険会社と契約し、勝手に債務者に保険を掛け、債務者が死亡した場合に保険金で回収するというしくみでした。こうした保険が広まったのは、大手サラ金業者が相次いで株式を上場した一九九三年頃からです（『朝日新聞』二〇〇六年九月二三日付参照）。生命保険会社一九社が扱い、アコム、武富士、プロミス、アイフルをはじめとするサラ金業者など二七社が契約していました。二〇〇六年三月末時点で、保険の対象にされた債務者は二二〇〇万人で、契約高は八兆四〇〇〇億円です。金融庁が主なサラ金業者一七社について調査した結果によると、サラ金業者が二〇〇五年度に受け取った死亡保険金は、約三〇二億円（述べ件数約五万二〇〇〇件）で、うち債務者の自殺による受取金は四三億円（述べ件数四九〇八件）です（『しんぶん赤旗』二〇〇六年一〇月七日付、同年一〇月一二日付参照）。

貸金業者の生命保険契約にかかる業行為は、世論の批判が高まるなかで、二〇〇六年の改正貸金業法の行為規制によって、一定の規制策がとられました。改正貸金業法は、貸金業者が借り手等の自殺により保険金が支払われる保険契約の締結をおこなうのを禁止しました。

(3) 高利商工ローンなどによる搾取様式

二つ目の商工ローンなどの中小企業家への高利貸し付けの場合の運動は、形式的には貨幣が産業資本家に貸し付けられた場合の運動形式(G―G―W―G'―G')と変わりません。近代的貨幣資本との違いは、貨幣の流通過程における運動G―GとG'―G'の内実にあります。つまり、ここでの高利資本は、G―Gで示される貸付金を見境なく増やしてしまうと同時に、生産過程において生まれた利潤をいわば独り占めして、産業資本家の取り分を少なくするか、またはまったくなくしてしまうのです。そして、場合によっては、高利資本は、この利潤を超える金額を利子として徴収してしまうのです。それは、略奪としかいいようがありません。こうなると、一回きりの生産は可能だとしても、再生産はまったく不可能になってしまいます。

マルクスが高利資本は資本主義的生産様式を貧困化させ、生産諸力を発展させずに麻痺させるとのべた理由は、まさにここにあります。そしてまた、マルクスが高利資本は労働にたいして産業資本として相対することはないが、実際は直接的生産者たち、すなわち労働者たちのすべての剰余労働を取得するとのべた理由も、ここにあります。

実際、高利商工ローン業者は、近代的金融機関を装っていますが、利子徴収においては借り手の企業家がえた利潤の独り占めを目的としているのです。そのことは、かつて「高利は借り手から取って、元金は連帯保証人から取る」といわれた日栄や商工ファンドの商工ローン商法に、如実にあらわれています。したがって、この高利資本の運動もまた、実際は「資本の生産様式をもつことなしに資本の搾取様式をもって」成り立っています。
「会社の狙いは残高を減らさずに、（中小企業が）死ぬまで金利を取っていくことです。倒産するまでね。だから返してもらうと困るんです。相手にしているのは資金繰りに苦しい中小企業です。元金の返済については、だからこそ連帯保証人がいるのです。極端にいえば、借り主は関係ない」（『東京新聞』一九九九年六月二二日付）
これは、大手商工ローンの元営業マンが新聞記者のインタビューに答えた記事の一節です。ここには、高利商工ローンの本性が赤裸々にあらわれています。貸し付けの狙いは、借り手が死ぬまで、倒産するまで金利を取ること、といっているのです。そして借り手は関係なく、本当の相手は連帯保証人なんだ、といっているのです。
この営業マンの話は、真実です。実態は、もっと酷く、連帯保証人でさえ自殺に追い込まれたケースが多々あったのです。日栄の元支店長が書いた『商工ローン 借りてはいけない』という本では、主債務者の酒屋さんが夜逃げをして、保証債務の請求を受けた電気屋さんが、取り立ての電報を握りしめたままクビ吊り自殺をした話がのっています（行徳峰史著『商工ローン 借りてはいけない』WAVE出版、一〇六ページ参照）。マルクスは「高利は生産様式を変化させず、寄生虫としてこれに吸いつき、これを悲惨なものにする」とのべていましたが、わが国の高利貸しは、収奪を通り越して、借り手やその保証人の命まで奪ってしまうのです。

（4）小商人にたいする貸し付けによる搾取様式——産業資本成立前の場合

では、商人にたいする高利貸し付けの場合は、どうでしょうか。さきに（第2章）、商業資本には産業資本にさきだつ時代の前期的商業資本と、そして産業資本成立後、産業資本からわかれて自立するようになった商業資本という二つの種類があることをのべましたが、ここではまず、前期的商業資本時代に属する商人の場合について、みておきたいと思います。

古代社会や中世の社会のなかでもそれなりに商業が発生し発展していたことは、すでに紹介したとおりです。その社会のなかで、高利貸しから借り入れをしていた人のなかには、小商人たちもいました。その小商人たちに高利の貸し付けをしていたのは、古代社会においては主として貴族たちでしたが、中世においてはその多くが高利貸しを兼ねていた大商人たちでした。ジャック・ル・ゴッフは、「一三世紀にはまだ真の銀行家は存在せず、商人―銀行家と高利貸との間には、業務内容の移動や交差が多々あった」とのべています（『中世の高利貸―金も命も―』法政大学出版局、六七ページ）。

資本主義社会に先行する社会の商人たちは、一般的には小生産者や領主経済の生産物を安く買い上げて、それを高く売ることで商業利潤をあげていたといわれています。しかし、実際の商業利潤獲得の中身は、その大部分が詐欺とぺてんとから生まれていました（当時の商業利潤の特徴については、後述の「補論　資本主義以前の商品流通と商業利潤」をご参照ください）。

マルクスは、この点についてつぎのようにのべています。

「商業資本が、未発展な諸共同体の生産物交換を媒介する限りでは、商業利潤は詐欺とぺてんのように見えるだけではなく、その大部分は詐欺とぺてんとから生じる。（中略）したがって、商業資本が優勢な支配力をもつところではどこでも、それは略奪制度をなしており、実際にまた、商業資本の発展が、古代の商業諸民族のもとでも、近代の商業諸民族のもとでも、暴力的略奪、海賊、奴隷狩り、植民地における圧制と直接に結びついていることに、それが見られる。カルタゴ、ローマにおいて、のちにはヴェネツィア人、ポルトガル人、オランダ人などのもとでもそうである」（『資本論』新書版⑨、五五七〜五五八ページ）

勿論、こうしたことで商業利潤を略奪的にえていた商人というのは、ヨーロッパの古代および中世にあってはその多くが大商人でした。中世の大商人＝高利貸しは、教会のトップクラスにいたるまで高利の金を貸し付けては腐敗に陥れていました。ですから、この高利貸しが小商人たちにも貸し付けをして、小商人たちがえたささやかな商業利潤を巻き上げていたであろうことは、想像に難しくありません。したがって、この商業資本は、その双生児である高利資本とともに、資本の生産様式を持つ資本ではなく、資本の搾取様式を持つものにほかなりませんでした。

中世における資力のない小商人などが、金貸業者たちの格好の餌食になっていたことについては、岩波文庫の『ヴェニスの商人』の訳者が、解説においてふれていますので、紹介しておきたいと思います。

「社会の客観的経済活動の変化にもかかわらず、一般民衆の頭には未だに牢乎として中世的金利観が根を張っていた。イギリスのような新教徒国家でもそうであった。それにまたエリザベス朝から十七世紀初頭というのは、ある意味で金貸しの黄金時代とさえいわれた時代で、つまり、中世的な社会制約は破壊され、しかも他方完備した近代の銀行制度はまだ確立を見ていない、ちょうどその中間の乱脈時代だったのである。一割の公定利率などは一部商人同志の間だけのことで、社会的変動期に際し、いろいろな理由で金に窮した紳士、小商人、農民たちは、この上ない金貸業者たちの好餌となり、三割四割から、嘘のようなのは抵当付きで年十割というようなひどいやり方さえ現実には行われていたことを、当時の文献はいくらでも証明している」（シェイクスピア『ヴェニスの商人』ワイド版岩波文庫、中野好夫訳、二〇八ページ）。

わが国の中世において高利貸しが繁栄したのは、商工業が最も発展した京都でした。京都は、もともと朝廷が支配していた地で、内部が庄園領主である貴族や寺社の所領に分割され、そのうえに、一三九四（応永一）年に室町政権が南北朝合一をなして幕府を設置した所です。ここでの高利貸しは、主として山門（比叡山延暦寺）の支配下にあった酒屋と土倉《どそう》でした（脇田晴子著『室町時代』中公新書、八八～八九ページ参照）。

たとえば、西嵯峨地方で酒造業の中心をなしていた豪商の角倉一族は、一五四四（天文一三）年頃の記録によれば、幕府と密接に結び付いて、商業の方に手を広げる一方で、高利貸付業をおこなっていました。この角倉一族の貸付先は、小手工業者、武家、公家、寺院の使用人、農民に加えて、小売業者の商人も入っていました。その貸付金額は、一貫・二貫の零細なものが大多数をしめていました。したがって、角倉一族が富を蓄積するにいたった原因の一半は、小市民にたいする零細な高利貸し付けにあったといわれています（豊田武著『増訂中世日本商業史の研究』岩波書店、四五九〜四六二ページ参照）。

この室町時代における法定利息は、年利六割という高利でした。債務者の負担は、相当なものだったと思われます。したがって、この時代には、債権者に債務の破棄を要求し、幕府に徳政令をもとめた徳政一揆（土一揆ともいわれています）が度々起こりました。この徳政一揆の蜂起に立ち上がったのは、債務に苦しんでいた農民たちでした。その結果、たとえば一五四六（天文一五）年の徳政一揆は、幕府によって徳政令が現実に出されるという特殊な状況が作られました。したがって、そのたたかいの成果は、農民以外の小売業者の商人などの債務者にもおよんだことになります。「室町幕府の徳政令は、徳政一揆の圧力によって、身分を問わず、庶民にまで及ぶ惣徳政を発布せざるを得なかった」（前掲『室町時代』、一一二ページ）からです。

残念ながら、小商人が高利貸しに収奪されていたことを証する資料は乏しく、詳しく紹介することができません。しかし、室町時代における徳政一揆などをみれば、わが国においても、小商人をふくむ庶民が、高利貸しによって収奪をされ、苦しめられていたことは、分かるように思います。

補論　資本主義以前の商品流通と商業利潤

資本主義以前（古代から中世末期まで）のエジプト、ギリシア、ローマなどにおける商品流通は、奴隷所有主や封建領主を担い手とするものでした。その特質は、その担い手の経済的性格によって規定されていました。すなわち、この担い手たちは、奴隷や農奴から経済外的、強制的に剰余労働の全部を吸い上げる寄生的土地所有者であり、したがってまた貪欲な浪費家でもありました。また、かれらは、自己の所領地内で手に入れる余剰生産物だけでは限界があったため、武力手段に訴えて、ほかの種族から人的・物的資源（奴隷や諸生産物）を略奪したり、あるいは自らが保有する余剰生産物と引き換えに、自己の欲望対象を手に入れたりするようになりました。こうして寄生地主を担い手とする商品交換の道が開かれました。

そして、このような商品流通は、それまで農業を営みながら、副業として手工業をおこなっていた半農・半手工業者が、奴隷所有主や封建領主の居住地である都市に出て、独立手工業者になる道が開け、商品としての手工業品の生産を促進しました。それは、しだいに遠隔地の特産物を手に入れたり、売ったりする道（遠隔地貿易）――遠隔地貿易は古代オリエント時代に、その端を発しています――へと発展するようになりました。そのため、他方で、その商品の媒介者としての商人の発生とその活動を促し、その結果、商人および手工業者の拠点としての都市が成長し、発展するにいたりました。

とりわけ遠隔地貿易では、商人の活動が大きく発展しました。しかし、資本主義以前の時代に遠隔地に向けられる商品は、奴隷所有主や封建領主が保有する余剰生産物の転化形態以上のものではありませんでした。つまり、奴隷や農奴から、経済外的強制を通じて収奪された余剰生産物は、単に流通過程において商品化されたものにほかならず、再生産過程それ自体の商品経済化を反映するものではありませんでした。

だが、この遠隔地貿易は、その媒介者としての商人資本の利潤獲得を飛躍的に促すとともに、商業資本の双生児である高利資本のいっそうの展開を促す契機になりました。商業資本の利潤は、詐欺、ごまかし、あるいは都市特権およびギルド規制にもとづく商品流通の独占と統制を媒介として、奴隷所有主や封建領主および小生産者から、商品を価値以下に安く買い取り、高く売り付けることによってえられた、いわば譲渡利潤でした。ですから、商業資本は、結局のところ、奴隷所有主や封建領主が収奪した余剰生産物に吸着する寄生資本にほかならなかったのです。そして、このことは同時に、商業資本、したがってまた高利資本が資本の生産様式を持つ資本ではなく、資本の搾取様式を持つ資本形態にほかならなかったことを意味しています（中島邦蔵著『貨幣形態論―理論・歴史・現実―』法政大学出版局、六八〜七七ページ参照）。

（5）小商人に対する貸し付けによる搾取様式――産業資本成立後の場合

産業資本成立後の商人の場合は、どうなのでしょうか。そのさいまず、産業資本成立後の商業資本の動きは産業資本の場合と違いますので、あらかじめ商業資本自体の運動についてみておく必要があります。

商業資本の運動は、G（貨幣）―W（商品）―G'（貨幣）として示されます。ここでは、生産資本の段階はありません。商業資本は、商人によってまず貨幣の形態で商品を産業資本から購買するために支出されますが、やがて販売の過程をへて再び貨幣の形に復帰します。つまり、商業資本の運動は、売るために商品を買うという単純な段階または操作の繰り返しなのです。商人は、この形態変化をとげるあいだに実現した価値のなかから商業利潤を獲得します。しかし、商品の流通過程に支出される資本である商業資本は、自ら利潤を生み出すことはできません。流通過程では、剰余価値＝利潤は生産されないからです。すなわち、剰余価値は、G―Wという購買においても、W―G'という販売においても生じません。

「商品交換は、その純粋な形態においては、等価物どうしの交換であり、したがって価値を増やす手段ではない」（『資本論』新書版②、二七〇ページ）

「商人資本は、流通部面内で機能する資本以外のなにものでもない。流通過程は、総再生産過程の一局面である。しかし、流通過程では価値は、したがってまた剰余価値も生産されない。同じ価値総量の形態変化が生じるだけである」（『資本論』新書版⑨、四七五～四七六ページ）

それでは、商業資本の利潤はいったいどこで生まれるのでしょうか。それは、資本主義的生産様式においては産業資本が機能するなかで、つまり物＝商品の生産過程で生まれます。産業資本家は、生産した商品をその生産価格より低い価格で商人＝商業資本家に引き渡し、商人はそれを生産価格で売って、その差額を自分の利潤として手に入れます。こうして、生産過程で作り出された剰余価値の一部が、商業資本に分配されます――マルクスは、生産された商品の販売にさいして剰余価値が実現されるとすれば、それは、剰余価値がすでにその商品のなかに実存しているからである、とのべています（『資本論』新書版⑨、四七六ページ参照）――。

したがって、商業利潤は、剰余価値のうち、産業資本家が自分の商品を販売してもらう代りに、商業資本家に譲り渡す部分です。こうして、剰余価値は、産業利潤と商業利潤にわかれます（金子ハルオ著『経済学』（上）―資本主義の基本理論―』新日本出版社、一八五～一八六ページ参照）。このため、商業資本は、もともとは流通過程において機能していた産業資本の一部が自立化した資本である、といわれています。

高利資本が商人から高利をえるさきは、じつはこの商業資本が手に入れた商業利潤、すなわち産業資本から分配された剰余価値です。ですから、この高利資本の運動も、運動形式上は資本の生産様式を基盤として成り立っていないのです。

ここでの商人は、銀行や信用金庫などの金融機関から融資をえられないで高利貸しからしか借りることができない中小零細の商人です。なかには、個人自営の商人も多くふくまれています。さきに、商工ローンから借り入れをしていた、主債務者が酒屋さんで、保証人が電気屋さんの話を紹介しましたが、この場合は両方とも商人です。零細または自営の商人の場合は、クレジット・サラ金などからも融資を受けているのが実態です。そのさいの高利資本の運動形態は、一つ目の形態に属します。

3 「対等な人格」関係における搾取と抑圧

高利資本の本性に関連して、資本主義的生産様式のもとでの貨幣の貸し手と借り手間の問題について、いくつかの問題に若干ふれておきたいと思います。といいますのは、一つは、高利貸しが収奪者としての自らの本性を、たとえば「借りた金は返すべきだ」とか、借りた側の「自己責任」といったことを主張して、たえず隠そうとしているからです。二つ目は、貨幣自体がそもそも神秘的な物神性――たとえばクレジット・カードにみられるような――を有しているため、利用者に高利商品にたいする一種の幻想または妄想を与えているからです。三つ目は、マスコミが公共の電波などを使って高利金融の宣伝を買って出て、その本性を覆い隠しているからです。

まず一つ目のことですが、資本主義社会は、いうまでもなく市場経済の社会です。この資本主義社会における人間と人間の関係は、法的にはすべて対等・平等の資格で相対するのが特徴です。市場経済は、まずもって商品交換としてあらわれますが、その基本には、労働力の売買があります。労働者と資本家は、物を生産するにさきだって、「自由で法律上対等な人格」（マルクス）として、労働力売買の契約――労働者は労働力を、資本家はその労働力に見合った貨幣を、互いに交換する契約――を結びます。

しかし、こうした関係には、表面上は労働者と資本家が対等・平等の関係としてあらわれるのにたいして、実際上は、資本家が労働者の生み出した剰余価値を搾取する、という矛盾した現実が内在しています。

「労働力の売買がその枠内で行なわれる流通または商品交換の部面は、実際、天賦人権の真の楽園であった。ここで支配しているのは、自由、平等、所有、およびベンサム（功利主義を説いたイギリスの哲学者―鈴木）だけである。自由！　というのは、一商品たとえば労働力の買い手と売り手は、彼らの自由意志によって規定されているだけだからである。彼らは、自由で法律上対等な人格として契約する。契約は、そこにおいて彼らの意志が一つの共通な法的表現を与えられる最終結果である。平等！　というのは、彼らは商品所有者としてのみ互いに関連し合い、等価物と等価物を交換するからである。所有！　というのは、だれもみな、自分のものを自由に処分するだけだからである。ベンサム！　というのは、両当事者のどちらにとっても、問題なのは自分のことだけだからである。彼らを結びつけている一つの関係のなかに置く唯一の力は、彼らの自己利益、彼らの特別利得、彼らの私益という力だけ

である」(『資本論』新書版②、三〇〇〜三〇一ページ)

マルクスは、ここでは形式上の自由・平等と実際上の搾取・収奪・抑圧という、資本主義社会における矛盾した姿を批判しているのです。こうした矛盾は、じつは貨幣の高利貸し付けの場合の貸し手と借り手間の貸借関係においても、同様な姿としてあらわれています。すなわち、貸し手と借り手の関係は、「自由で法律上対等な人格」として相対し、債権者・債務者という権利・義務を有する法的関係としてあらわれます。

しかし、その実質が果たして対等な関係になっているかというと、かならずしもそうなってはいません。現実は、すでにみたように、高利貸付業者＝債権者による債務者にたいする搾取・収奪・抑圧が存在しているのです。それにもかかわらず、債務者は、法律上は債権者と対等の関係にありますから、支払い義務をまぬがれることはできません。ここには、まさしく資本主義社会における矛盾した姿が厳然としてあらわれています。

「現代版債務奴隷が古代のそれに比べてより惨めなのは、それが自らの意思により自ら招いた境遇であることである。膨張した消費者信用の網の目にからめとられた結果であるには違いないが、その道を選んだのは、近代市民として自己決定権をもつ消費者自身の意思にほかならないのであるから、その非はもっぱら消費者自身にあるとされざるをえない。孤立無援、その怨みを他の誰にも帰せしめえない精神的苦痛、心の荒蕪こそ、じつは悲惨の最たるものであるかもしれない」(清水誠著『時代に挑む法律学』日本評論社、三六三ページ)

清水誠氏のこの文章は、近代市民法の下でのクレジット・サラ金などの消費者信用利用者の状態についてのべたものですが、資本主義社会における「自由で法律上対等な人格」を有する者同士の金銭消費貸借契約における矛盾した姿を、みごとに表現しています。

今日、クレジット・サラ金、そしてヤミ金などの高利貸業者や恐喝屋が、依然としてはびこり、かれらは、「借りた金は返すべきだ」といって「借主の責任」を問い詰め、支払い困難に陥っている多重多額債務者に苛酷な返済をせまっています。しかしながら、ここには、矛盾した問題が内在しています。

それは、一方で近代市民法にもとづいた対等・平等な立場——ただし、ヤミ金の場合は、詐欺とぺてんが特徴であって、対等・平等な立場などとは、とてもいえません——から金銭消費貸借契約をしたがゆえに債務支払いからまぬがれられず、孤立無援の悲惨さにうちのめされた借り手＝債務者の姿があるのにたいして、他方にはそうした債務者の身の上のことなどにはまったく無関心な貸し手＝債権者が、これでもかこれでもかと債権回収にあけくれている姿がある、という問題です。

ここには、表向きは「自由で法律上対等な人格」にもとづいた取り引きがあるとはいえ、債権者が債務者を圧倒的に、かつ非人間的に抑圧しているという実態があります。かつて商工ローン業者が「肝臓売れ、目ん玉売れ」などといって恐喝したことや、ヤミ金業者の取り立てにあって自殺者が絶えなかったは、その典型例です。

そしてここには、債権・債務という法的関係の問題を超えた問題、すなわち、こんにちの資本主義社会における法的規範および道徳的・倫理的規範の問題に加えて、債権者が貨幣の貸し付けを利用して債務者を搾取、収奪、そして抑圧しているという、経済的関係の根本問題が存在しています。そこにあるのは、弱肉強食の人間関係です。

マルクスは、いっています。「契約をその形式とするこの法的関係は、法律的に発展していてもいなくても経済的関係がそこに反映する意志関係である。（中略）われわれは、一般に展開が進むにつれて、諸人格の経済的扮装はただ経済的諸関係の人格化にほかならず、諸人格はこの経済的諸関係の担い手として互いに相対するということを見いだすであろう」（『資本論』新書版①、一四四ページ）。

高利貸し――クレジット・サラ金、商工ローン、そしてヤミ金などの業者は、いうならば、庶民からの経済的収奪を目的とした経済的諸関係の人格の担い手です。「借りた金は返すべきだ」ということは、人間関係のモラルからみた場合、その通りです。しかし、この論理が、高利資本の人格的担い手である高利貸付業者によって使われた場合は、意味合いが違ってきます。そこでの「借りた金は返すべきだ」という論理は、高利貸しの貸付行為を正当化し、高利貨幣貸し付けの秘密、つまり経済的収奪の内実を覆い隠す役割を果たしているだけです。

4　貨幣資本および高利資本の物神的性格

社会的生産関係は物と物の関係として現れる

高利資本の本性を覆い隠して、借り手に誤解または幻想を与えている問題の一つに、貨幣資本の物神的性格の問題があります。この貨幣資本の物神的性格というのは、資本主義的生産様式の社会での労働＝生産における人と人との関係が物と物の関係としてあらわれることに起因しています。すなわち、生産に携わる資本家と労働者の関係（社会的生産関係）は、外見的には人間関係そのものとしてあらわれないで、むしろ労働生産物と労働生産物との、物と物との社会関係としてあらわれるのです。それは、すべての労働生産物が人びとの眼にはその生産物の自然的属性として、単なる商品の形であらわれるからです。

ですから、マルクスは『資本論』（第一巻第一編）のなかで商品経済を分析し、その根底には人間同士の関係があるにもかかわらず、人の眼にはすべて商品と商品の関係、つまり物と物の関係としてあらわれるとのべています。マルクスは、この商品形態の神秘的性格を、宗教的世界と対比して「物神崇拝」「物神的性格」とよびました。

「人間にとって物と物との関係という幻影的形態をとるのは、人間そのものの一定の社会的関係にほかならない。だから、類例を見いだすためには、われわれは宗教的世界の夢幻境に逃げ込まなければならない。ここでは、人間の頭脳の産物が、それ自身の生命を与えられて、相互のあいだでも人間とのあいだでも関係を結ぶ自立的姿態のよう見える。商品世界では人間の手の生産物がそう見える。これを、私は物神崇拝と名づけるが、それは、労働生産物が商品として生産されるやいなや労働生産物に付着し、それゆえ、商品生産と不可分なものである」（『資本論』新書版①、一二四ページ）

このことは、逆にみれば、当然のことながら、労働生産物が商品として生産されない社会ではそういう神秘的現象がみられなかったことを意味しています。

「たとえば中世の封建社会では農奴と領主、家臣と諸侯、俗人と僧侶というふうに、だれもかれもが人格的に依存しあっていた。だが、人格的な依存関係が社会的生産の基礎をなしていたからこそ、この社会では労働も労働生産物も、それらの現実性と異なった幻想的な姿をとる必要はなかったのである。（中略）だからここでは、生産における人と人の関係はつねに人々自身の人格的な関係（支配・服従の関係）としてあらわれるのであって、物と物との関係に変装されてあらわれることはなかったのである」（宇佐美誠次郎・宇高基輔・島恭彦編『マルクス経済学体系 I資本の生産・流通過程』有斐閣、五七〜五八ページ）

だがしかし、資本主義的生産様式の社会におけるこの商品の神秘的現象は、労働生産物が商品として生産されるかぎり、マルクスがいうように商品生産と不可分なものであって、それを取り除くことはできない客観的な現象なのです。問題は、商品にかんするもろもろの物神的、崇拝的な妄想です。なかでも特殊な商品として選びぬかれて、商品交換の仲立ちとしての独自の役割を与えられた貨幣の物神的性格は、人目をいっそう眩惑《げんわく》させることになったのです。貨幣は、人びとの眼には、ほかのすべての商品が一般的等価の形態をとらないからこそ、商品交換可能性の地位を独占できるのだとはみえないのです。逆に、貨幣の独自の地位は、あたかも自然的属性であるかのように、それを生まれながらに持っていると、人目にはみえるのです（前掲『マルクス経済学体系 I資本の生産・流通過程』、五八～五九ページ参照）。

貨幣の貸借関係にも物神的性格が

こうした貨幣の物神的性格は、じつは、貨幣の貸借関係のさいに、借り手側の人びとの眩惑を生む原因の一つとなります。それは、貨幣そのものの物神的性格に加えて、利子生み資本の運動形式と利子の性格にも原因があるからです。

すなわち、利子生み資本の運動形式は、すでにみたように、G—G—W—G'—G'で示されます。しかしながら、この運動形式は、貨幣貸借関係上では貸し手からみた場合、そして借り手からみた場合でも、真ん中がすっぽり抜けた、一番つづめたG—G'の形式、つまり、貸して（借りて）、取り立てる（返済する）という極単純な形式になってみえてしまうのです。このさい、利子は、物神的性格をもったものとしてあらわれて、貨幣があたかも自然に利子を生み出すかのようないつわりの外見が生まれます。利子は、機能資本家が労働者から搾りとった剰余価値の一部分にしかすぎないのに、利子率の高低にかかわらず、その利子が逆に貸付資本の自然的、本源的果実として現象するからです（見田石介・宇佐美誠次郎・横山正彦監修『マルクス主義経済学講座　下』新日本出版社、一九二ページ参照）。

そのため、今日の消費者信用を例にしていえば、人目には、まずもってお金を安易に借り入れることができるものと映ります。実際は、後で自分が働いてえる労賃のなかから、相当な利子を付けて返済しなければならないという重い義務が課せられるにもかかわらず、そういうように映るのです。そして、つぎに人目には、一定額の貨幣がなぜより大きく膨れ上がってくるのかという、そういう本質的な問題がいっさい隠されてしまいます。ここには貨幣と利子の物神的性格が最も極端な形であらわれているからです。

加えてのべておけば、貨幣の物神的性格は、人びとのお金にたいする極端に飛躍した意識、すなわち拝金主義といわれるお金にたいする幻想または妄想の意識を生み出します。拝金主義は、「地獄の沙汰も金次第」といった諺に象徴的にみられるように、世の中は金があれば何でもできるとする、貨幣万能主義的な考え方です。この考え方は、お金というものは人間が働くことを通じて生み出されるものだという、お金や労働にたいする正確な価値観や意識を希薄化します。ですから、拝金主義は、ときには投機や賭け事などの一攫千金を志向する射倖的な意識、また、ときには生活に必要なお金を借り入れに依存するという意識を生み出します。

その結果、貨幣の物神的性格とそこから派生している拝金主義は、高利貸しが貸し付けるお金にたいする人びとの見方さえ眩惑してしまうのです（拝金主義は勿論、高利貸しの強欲主義または弱肉強食主義をいっそう助長します）。たとえば、商品やサービスの購入代金の支払い、または貨幣の借り入れや支払いの決済を指示する技術的道具にすぎないクレジット・カードが、「魔法の手箱」のように受けとめられているのは、その典型例です。

クレジット・カードは、高利の貸付資本による高利獲得の有力な道具であるにもかかわらず、人目にはそのことはまったくみえず、ただ便利で効率的なものとして幻想的、妄想的にみえるのです。したがって、そこからは、警戒心がほとんど生まれません。* クレジット・カードは、貨幣そのものにたいする幻想の何倍もの幻想を、利用者に与えているのです。今日の消費者破産＝自己破産が「カード破産」とよばれている所以の一つは、クレジット・カードにたいする人びとの幻想性または妄想性を利用した商品の販売および貨幣の貸し付けにあるのです。

＊　青木雄二（一九四五―二〇〇三）は、『ゼニの人間学』（一九九五年刊）において、金利およびクレジット・カードについて、つぎのようにのべています。

「金利というのは、不労所得である。ただ貸しているだけで、金融業者なら年間四〇・〇〇四％までの利息を合法的に受け取ることができる。／不労所得を受け取る人間がいる裏では、その分、だれかが汗水流して必死に働いている。得をする人間の裏側には、損をする人間がいるということだ。／ゼニの世の中は、こういう仕組みでできあがっている。／資本家以外の人間は、この点がよくわかっていない。理屈ではわかっていても、それが現実の足枷となることを認識していない」（『ゼニの人間学』ＫＫロングセラーズ、五七ページ）

「それにしても、最近のカードの氾濫にはあきれるばかりである。（中略）クレジットカードなんて言って、おしゃれに思っている人は多いかもしれんが、実態から言えば、サラ金で借金をして買い物をしているのと同じである。いや、借金をしているという実感がない分、始末が悪いといってもいいかもしれない」（同書、六八〜六九ページ）

補論　犠牲資本と物神的性格

犠牲資本は、定期的に一定の率で配当をもたらす株式、国債、公債、社債などの有価証券のことです。この犠牲資本は、信用制度や証券制度が資本主義の発達と共にさまざまな形態で、しかも膨大に作り出されたもので、資本主義社会での富の大きな部分を形成しています。とくに株式の有価証券は、犠牲資本の代表的なものです。有価証券自体は、普通、一定の額の出資金と引き換えに出されるその所有者の経済的利益の保証書で、証券市場において自由に売買されます。

犠牲資本は、定期的にもたらされる貨幣所得にたいする請求権の「価格」なのですが、請求権そのものは利子生み資本とは違って、実際上は価値でもなく、したがって資本でもありません。本来は価値でもなく資本でもない証券ですが、いったん売買されて価格を持つようになると、そこから逆に類推されて、そこに架空の資本価値が犠牲される（実際にあるかのようになぞらえられる）ようになります。ですから、この犠牲資本は、架空資本または仮空資本ともいわれます。利子生み資本は剰余価値が生まれる生産的基礎を覆い隠してしまいますが、犠牲資本はさらにそのことに輪をかけるものであって、ここにいたって貨幣資本の物神的性格の完成はその頂点に達するといわれています（前掲金子ハルオ著『経済学（上）—資本主義の基礎理論—』、一九九ページ参照）。

5　高利資本の収奪を覆い隠すマスコミ

最後に、今日、高利資本と情報産業およびマスコミ産業の癒着など、社会構造の変化が高利発生の、また搾取・収奪の必要条件の一つになっていますので、この問題についてふれておきたいと思います。こうした条件は、今日の資本主義社会における大量生産、大量消費、大量廃棄という、社会的、経済的、そしてまた文化的な構造のうえに、あからさまに、そしてまったく人為的に作られたものです。

内田百閒と借金

私は、二〇〇三年五月二五日の『朝日新聞』の「天声人語」をみていたさい、高利問題にかかわる興味ある記事が眼に付きました。そこで、ずいぶん前の話ですが、この記事を紹介しながら、この問題について考えてみたいと思います。

「天声人語」子は、作家百鬼園先生こと内田百閒（本名・栄造、一八八九―一九七一）が随筆集『大貧帳』（六興出版）のなかで、「貧乏の極衣食に窮して、妻子を養う事も出来なくなった」「家の中に典物もなく、借金に行くあてもなかった」（典物とは質草＝担保のこと）と綴っていることを引いて、当世の世相について書いています。つまり、いたるところで眼につく無担保ローンの宣伝、銀行に兆単位の税金が注入され、そして、国そのものが何百兆円もの借金をしている、といったことを、もし、内田百閒が今の世によみがえって知ったとしたら、どう思うだろうか、と問うています。

「天声人語」子は、先生は貧にあっても意気軒高で、取り立て人とのやりとりなども、随筆の種にしていたのだから、たぶん「超特大貧帳め」とでもおっしゃったかもしれないと書き、一方、現代の借金取り立てについては、ＮＴＴのお悔やみ電報（当時流行った取り立て予告電報のこと）という、犯罪まがいの悪質なやり方までが使われていて、そこには「ローン漬け社会」が映っているようにもみえる、と書いています。

少し余談になりますが、内田百閒は、エッセイ「百鬼園新装」のなかで、お金について「金は物質ではなくて、現象である。物の本体ではなく、ただ吾人の主観に映る相（すがた）に過ぎない。或は、更に考えて行くと、金は単なる観念である。決して実在するものでなく、従って吾人がこれを所有するという事は、一種の空想であり、観念上の錯誤である」とのべています（『大貧帳』ちくま文庫、二一一～二一二ページ）。これについて、『大貧帳』（ちくま文庫）

の解説者宮沢章夫氏は、「なにをでたらめなことを書いているのだと思いはするものの、これぞまさに貨幣の本質。マルクスは『資本論』に書いた。／『商品の価格または貨幣形態は、商品の価値形態一般と同様に、商品の、手につかめる実在的な物体形態からは区別された、したがって単に観念的な、または想像された形態である』／だから百閒はすごい」（同書、三〇一ページ）と、興味深いことを書いています。

なお、内田百閒は、高利貸しの本性についても書いていますので、紹介しておきたいと思います。

「一体高利貸と云うものは古賀（百閒が借りている高利貸し—鈴木）に限らずだれでも、まけてくれないものである。それは取引の初めの内に、大体元の切れる様な損はしない丈の利益をあげているからであって、それから先は、取れるだけ取るのがこの商売の真髄である。既に自分の方の危険がなくて、今後は取っただけが全部商売の利益になる様な起ち場にいて、まけるなどと云う生やさしい相談に乗る必要はないであろう」（同書、二四九ページ）

ともあれ、今日の社会は、サラ金業者の宣伝が、以前と比較すれば少なくなったものの、テレビCMをはじめとして、依然としていたるところにあふれています。サラ金業者大手五社の広告宣伝費は、一般企業の広告費が年々減少するなかで、二〇〇二年度には七七五億円にもなりました。サラ金業者のCMは、高利貸しのダーティーイメージを覆い隠すねらいがあり、そのためにタレントなどを頻繁に起用しています。

「ローン漬け社会」とマスコミ

今日、高利貸しが幅をきかせている背景には、「天声人語」子がいうように、「ローン漬け社会」があります。その最先端をいっているのは、アメリカ社会です。* 「借金を増やしてでも、今を楽しむ」という、いわゆる「クレジット社会」は、大量消費社会としてアメリカからはじまり、カナダ、オーストラリア、そして、日本などに広がりました。クレジット・カードという先端技術を悪用した高利貸し付けは、一九五〇年代にはじまりました。

＊　「ローン漬け社会」は、高利貸しにとっては、うってつけの社会です。ジュリエット・B・ショアは、『浪費するアメリカ人』の日本語版序文において、アメリカ人の贅沢なライフスタイルと借金によって賄われた過剰消費の結果、全世帯の債務総額は二〇〇〇年時点で個人可処分所得の一〇〇パーセントになり、破産は米国の風土病になったとのべています（『浪費するアメリカ人』岩波書店）。

アメリカの社会学者ダニエル・ベルは、『資本主義の文化的矛盾』において、一九二〇年代から広まった大量消費は技術革新によって可能となり、その発展は三つの社会的な発明が可能にした、とのべています。その一つは、流れ作業による大量生産の方式です。二つは、消費者の欲望をかきたてるマーケティング（市場流通活動）です。三つ目は、借金をすることに恐怖感を抱いていたプロテスタント的倫理に最大の攻撃を加えた分割払い制度の普及です。

ダニエル・ベルは、広告は消費者にみせびらかしの生活スタイルを指示したりする役割を果たし、大都会の広告塔にいたっては物質的欲望のシンボルとなっているとのべています。クレジットについては、「借金」という代わりに「クレジット」という言葉に置き換えたことが、月賦払いの成功の秘密の一つがあり、そのことによって、貯蓄と節約という倫理的考え方に決定的な変化が生まれたとのべています（『資本主義の文化的矛盾』講談社学術文庫（上）、一四九〜一五八ページ参照）。

つまり、アメリカ人は、将来を見通した貯金や節約よりも、消費への欲望を満たすことによって今を楽しむという価値観を、クレジット・カードの宣伝などによって、長い時間をかけて刷り込まれてきたのです。ですから、現在のアメリカ国民の平均貯蓄率は、ゼロまで低下しています。「富裕層のほとんどが巨額の預金を持っていることを考えれば、貧しい人たちの貯蓄率は、まちがいなく大きなマイナスの数字を示す。要するに、アメリカの貧困層はどっぷりと借金漬けになってしまった」（ジョセフ・E・スティグリッツ著『フリーフォール——グローバル経済はどこまで落ちるのか』徳間書店、二六ページ）のです。

しかし、こうした人為的に作られた「ローン漬け社会」は、今日、アメリカ経済自体の破綻はもとより、高利サブプライムローン問題が引き金となって発生した世界金融危機および経済危機（過剰生産恐慌）によって、そのあり方を根本から見直すことが問われています。問われているあり方の内容は、経済や金融はもとより、社会のしくみ、文化やマスコミ、そして個々人の消費生活のスタイルにいたるまで、多岐にわたっています。それは、けっしてアメリカ社会だけの話ではなく、わが国においてもいえることです。

マスコミについていうならば、それは、情報によって人びとの意識を操作・操縦する力を持っていますので、そのあり方しだいで、良い役割を果たす場合もあれば、逆に悪い役割を果たす場合もあります。アメリカのマスコミは、たとえば「自分の家を持つことがアメリカン・ドリームだ」といって、サブプライムローンの広告宣伝をおこない、低所得者層の人びとを煽りました。これは、いわば犯罪行為に手を貸したことと同然のおこないでした。日本の場合も、同じです。高利貸しとの関係では、わが国のマスコミは、たとえばサラ金CMにみられるように、高利貸しに買収されて、極めて悪質な役割を果たしてきましたし、今日でもそれを引き続きおこなっています。

第5章　市場原理主義とクレジット・サラ金

――「上限金利規制緩和・撤廃論」を批判する

「国際化の時代であるから、金利は原則として制限しないほうが好ましい」「金利を原則自由としても、むしろ競争のなかで信用リスクの低い消費者であればより低い金利で貸付が行われるようになるはずである。そこは優勝劣敗の力学が働くから、創意工夫の精神を失わない人たちが事業を営む限り、むやみやたらと金利は上がらない」

これは、衆議院議員の西川公也氏（自民党、当時）の「金利は自由が原則、ＩＴ書面一括法適用実現を目指す」という一文（金融財政事情研究会発行『月刊消費者信用』二〇〇五年四月号）の一節です。ここには、クレジット・サラ金などの貸金業界のつよい要望を受けて、金利規制の撤廃ないし上限金利引き上げを目指している人たちの考え方や思惑が端的にあらわれています。西川氏は、同文のなかで、郵貯の資金を貸金業者に供給して貸付金として運用することも検討すべきだとさえのべ、国民の大切な金融資産をサラ金業者に供給するという提案までしています。

周知のように、出資法（「出資の受入れ、預り金及び金利等の取締りに関する法律」）の刑罰対象金利二九・二パーセントの見直しは、二〇〇三年におこなわれることになっていましたが、ヤミ金融問題が出てきたために、三年間先延ばしになっていました。貸金業界は当時、政治団体「全国貸金業政治連盟」（全政連、二〇〇〇年一一月設立）を通じて、衆院財務金融委員会や自民党財務金融部会所属の議員を中心に、自民党、公明党、保守新党、民主党、自由党の国会議員らのパーティー券を購入するなど、事実上の政治献金をして政界工作をつよめ、上限金利の引き上げを画策しました。その後、業界は、来るべき見直し（その時期は二〇〇七年一月とされています）に向けて、学者などを動員しながら金利規制緩和・撤廃の理論立てを企ててきました。そのさい、極めて特徴的なことは、金利規制緩和・撤廃論の考え方の基礎には新自由主義*にもとづいた市場原理主義という特異なイデオロギーがあるということです。

＊　新自由主義は、資本の横暴にたいする社会的規制を否定して、弱肉強食主義を肯定し、経済システムの重点を金融経済にもとめ、そして、こうした特徴を持ったアメリカ型資本主義を、資本主義の最も現代的な形態として世界に押し付けるという思想です。関連していわれる市場原理主義は、新自由主義論者にとっては国家の介入をすべて排除する立場を意味するのではなく、都合によって国家の力を最大限使ったり、排除したりするという、御都合主義的思想です。

金融の分野においてはこれまで、「金融の自由化」という形で新自由主義にもとづいた規制緩和が推し進められてきましたが、消費者信用の分野では、じつは今、出資法の上限金利の見直しに当たって、消費者の保護に真っ向から反する「金利の自由化」を目指す見解や具体策が提案されています。そこでここでは、こうした見解とその基礎にある新自由主義にもとづく市場原理主義的利子論についてみておきたいと思います。

1　とんでもない金利規制緩和・撤廃論

今日、利息の上限規制をさだめた法律は、利息制限法（一〇万円未満年利二〇パーセント、一〇万円以上一〇〇万円未満同一八パーセント、一〇〇万円以上同一五パーセント）がありますこ。しかし、現在のクレジット・サラ金・商工ローン業者は、利息制限法には罰則がないことをよいことに、同法の制限金利を遵守しないで、刑罰対象上限金利をさだめた出資法（上限金利二九・二パーセントを超えると五年以下の懲役もしくは一〇〇〇万円以下の罰金、またはこれらが併科される）の上限金利以下の高利（グレーゾーン金利）で営業しています。

出資法は、一九五四年に制定され、当初の上限金利は年利一〇九・五パーセントでした。この上限金利は、サラ金問題が大きな社会問題になった一九八三年一一月に、貸金業規制法の制定とともに七三・〇パーセントに引き下げられ、以後一九八六年一一月に五四・七五パーセント、一九九一年一一月に四〇・〇〇四パーセント、二〇〇〇年六月に二九・二パーセントに順次引き下げられてきました。二〇〇〇年六月の引き下げは、商工ローンによる中小零細事業者にたいする高利貸し付けおよび取り立てが社会問題となったのが契機になっておこなわれたものです。このときの改正において、この二九・二パーセントの上限金利は、二〇〇三年六月一日以降に見直されることになりました。しかし、その三年後の二〇〇三年七月において、さきにのべたような事情で、この見直しはさらに三年間先送りになっていました。

問題は、現在、消費者の生活と中小零細事業者の営業を守るためには出資法の刑罰対象上限金利をさらに引き下げることがもとめられているにもかかわらず、貸金業界がメガバンクと一体となって、こんどの見直しに当たって、逆に上限金利規制の緩和ないし撤廃を目指し、以下にみるような理論立てを構築しながら、「金利の自由化」ともいうべき金利規制緩和を猛烈に画策していることです。

(1) 西川公也氏の見解

その一つは、冒頭に紹介した自民党の議員連盟「金融サービス制度を検討する会」事務局長の西川公也氏の見解です(前掲論文)。基本的(原則的)には、金利は自由という考えです。市場の自由競争に委ねた方が良いというわけですから、現行の上限金利規制は撤廃するという方向です。

西川氏は、「上限金利を設けてしまうと、その水準を超える金利でなければ、信用リスクをカバーしきれない層に対する正規の資金供給者がいなくなってしまい、結局ヤミ金融が暗躍する余地を生んでしまう。短期で小口の借入れであれば、さほど利息負担は大きくない。たとえば実質年率五〇％という金利でも二カ月の借入れであれば一〇％に満たない利息になる。こうした貸付を市場から排除してしまえば、経済的に苦しい人ほどヤミ金融に頼らざるをえなくなる」とのべています。

ここでのべていることは、ヤミ金融と金利規制の性質が違う問題をごた混ぜにした俗論で、上限金利規制を緩和・撤廃するために持ち出した、話にもならない口実にすぎません。ヤミ金融は、刑事犯罪であって、取り締まりがよわいから野放しになっていた問題です。金利規制の法的制度を撤廃してしまったら、ヤミ金融の取り締まりさえもできなくなってしまいます。

(2) 坂野友昭氏らの見解

二つ目は、坂野友昭氏が副所長を務めている早稲田大学消費者金融サービス研究所の見解です（坂野友昭・藤原七重論文「消費者信用市場における上限金利規制の影響〜米国における先行研究のサーベイ〜」ホームページおよび消費者金融連絡会編・早稲田大学消費者金融サービス研究所監修『経済学で読み解く消費者金融サービス』金融財政事情研究会発行）。この見解は、学際的な体裁をとっていますが、大手サラ金業界の意を受けて出しているものであり、基本的には自民党の西川氏の案と同じです。

坂野氏らは、上限金利規制がおこなわれるとつぎのようなことが予測されるから、金利規制は撤廃すべきだといいます。①クレジットのアベイラビリティ（受けやすさ）が低下する。ローン商品の場合、リスクとの兼ね合いで金利が決まってくるので、一定の上限金利を設けると、それよりも信用リスクの高い人にたいする貸し付けができなくなってしまう。②業者の経営が悪化して、市場からの退出を招くことによって、金融業者の数が減少し、市場における競争圧力を減じる。同時に、上限金利規制は、潜在的な競争企業が市場に参入するインセンティブをもよわめてしまう。③上限金利規制は、実際の貸付金利の引き下げには必ずしもつながらない。④副作用が増大する。借りられなくなった人は、次善の策として、有担保ローン、保証人付きローン、販売信用などの代替的な手段を探したり、場合によっては、違法業者などに頼らなければならなくなるかもしれない。

一見して明らかなように、この金利規制撤廃論には、はじめから今日の消費者信用＝高利金融は有用不可欠な信用だという前提条件がついています。かれらは、貸金業者＝高利貸金業者の代弁者ですから、口が裂けても「高利金融」などとは勿論いいません。かれらは、俗流的な経済学を駆使して、金利規制がいかに現実に合わないかを説きます。しかし、それは、後述するように、まったくのまやかしにすぎません。

（3）石川和男氏と野尻明裕氏の案

三つ目は、現役官僚の石川和男氏と元官僚の野尻明裕氏の案です（共書『ノンバンクの進化形〝みなしバンク〟――真のリスクテーカー創出への制度設計』および『銀行とノンバンクの融合――上限金利規制統一法の設計』金融財政事情研究会発行）。かれらの案は、利息制限法と出資法という二本立てになっている現行金利規制を統一（「与信業の上限金利規制統一法」）し、しかも貸付額に応じて段階的に高い金利を設定するというものです。

具体的な金利規制水準は、①元本額が五万円程度（個人向け超小口貸付の場合）までは年利四〇～四五パーセント、②元本額が五万円程度～五〇万円程度（個人向け小口貸付の場合）までは三五～四〇パーセント、③元本額が五〇万円程度～五〇〇万円程度（個人向け大口貸付の場合）までは三〇～三五パーセント、④元本額が五〇〇万円程度（個人向け超大口貸付の場合）以上は③と同等に、⑤元本額が一〇〇〇万円程度（法人向け小口貸付の場合）は三五～四〇パーセント、⑥元本額が一〇〇〇万円～一億円程度（法人向け大口貸付の場合）は三〇～三五パーセント、⑦元本額が一億円程度以上（法人向け超大口貸付の場合）は上限金利を検討する必要がないというものです。

この新制度案は、借り手（債務者）と貸し手（債権者）の範囲を決め、それぞれ「特例」を置いています（試案骨子五、その他）。借り手の範囲では、大会社や資本金三億円を超える株式会社など、特定融資枠契約法第二条に規定される者には、新制度は適用しないということです。また、貸し手の範囲では、貸金業者について金融機関並みの体制の整備がなされていると認められる「特定貸金業者」とよぶ大手サラ金業者などについてのみ新制度の対象者とし、その他のサラ金業者にかかる上限金利規制は従前のままというものです。

そして、新制度案の利子率は、現行利息制限法ばかりか出資法の上限をも上回り、高利を容認する不当なものです。私は、この案は大手サラ金業界だけではなく、リテール（小口取引・融資）分野へのいっそうの進出を狙っているメガバンクをはじめとする銀行業界の思惑がからんでの案であると思います。このことを証すかのように、かれらは、つぎのようにのべています。

「新制度の新設は、二法の上限金利の具体的な数値を大幅に改定することを含む抜本的な規制改革と同義であり、それまで銀行とノンバンクに棲み分けられてきた与信業マーケットに対し本質的な競争原理をもたらすことになるはずだ」（前掲『銀行とノンバンクの融合――上限金利規制統一法の設計』）

かれらは、東京三菱銀行（現三菱東京ＵＦＪ銀行）とアコム、三井住友銀行とプロミスの両資本提携などにみられるような「銀行とノンバンクの融合」の時代にそくした新しい金利規制法だという自負を込めて、この案を考えたのでしょう。しかし、それは、私たちからみれば、とんでもない案であって、わが国の信用制度を丸ごと高利貸化するものです。

2　上限金利規制緩和・撤廃論の三つの欺瞞

さしあたり、いくつかの上限金利規制緩和・撤廃論の内容をかいつまんでみてきましたが、ではこれらの見解には、いったいどのような問題性があるでしょうか。私は、消費者側の立場からみた場合、ここには主として三つの欺瞞的な問題があると思います。

その第一は、消費者信用の健全な成長を図るということを口実にして、じつは高利金融業の「健全な成長」を図るという欺瞞です。これは、高利金融正当化論です。第二は、金利は市場競争によっておのずから決まるのだから、上限金利規制は市場への不当な介入だという欺瞞です。これは、国家の規制を排除する、いわば市場原理主義的利子論です。第三は、上限金利規制をすると、高リスク者が借り入れできなくなってヤミ金融などが横行し、消費者の保護にならないという欺瞞です。これは、金利規制弊害論です。上限金利規制緩和・撤廃論にはこのほかにもさまざまな欺瞞的な問題点がありますが、ここでは、以上の三点についてみておきたいと思います。

(1) 高利金融正当化論

上限金利規制緩和・撤廃論の問題性を論じる場合に最も重要なことは、論者の関心事はもっぱら高利金融業者の安定、成長、繁栄であって、消費者の保護問題ではけっしてないということです。そのことは、多重債務問題が深刻な社会問題になっているにもかかわらず、かれらが高利金融の有害性や被害の深刻性についてはまったく言及していないことにあらわれています。

経済学的にいえば、高利資本の本性にふれた議論はいっさいしていないということです。その典型的な議論は、坂野友昭氏らのクレジットの「副作用論」です。この副作用論には、消費者信用＝高利金融を正当化する欺瞞的なトリックがあります。

坂野氏らは、価格（貸付金利）規制がおこなわれていないアメリカの消費者信用市場では市場が十分に機能していて、サブプライム層向けの貸し付けが大幅に増えている割には、貸し倒れや延滞の比率はそれほど上昇しておらず、クレジットの副作用は生じていないとのべています。坂野氏らは金利規制の副作用を論証するためにアメリカの例を持ち出していますが、それはまったくの欺瞞です。実際のアメリカにおけるクレジット事情が、支払不能者が増大し、裁判所への破産申立件数が二〇〇万件にも達するなど、惨憺《さんたん》たる実態であることは、よく知られており、報道もされていることです。にもかかわらずかれらがアメリカの事情を美化してまで、それをわが国における上限金利規制撤廃の口実にするのは、いったいなぜでしょうか。それは、何より坂野氏らが消費者信用＝高利金融を正当化しようとする立場に立っているからです。

そもそも、消費者信用の拡大のなかから生じている手数料等の上昇、現金販売価格への手数料の上乗せ、違法業者の増加などをクレジットの「副作用」とみなす論法自体、欺瞞的なトリックです。

副作用の意味は、一般的には医療の一定の作用を利用して治療をするときに、それに伴って、治療の目的に沿わないか、もしくは生体に不都合な作用が起こること、またはその作用のことです。副作用は、いうならば本作用があってそれに付随的に起こることです。坂野氏らは、こうした医療の分野で発生する現象を、消費者信用の分野に当てはめて、不都合な部分を「副作用」とみなすわけです。じつは、ここに欺瞞的なトリックがあります。どういうことかといえば、かれらがいう副作用に該当する不都合なことは、けっして副作用ではなく、今日の消費者信用の本質的な性格から起こっていることなのです。にもかかわらず、かれらは、その副作用部分の原因を取り除けば、つまり上限金利規制を撤廃すれば、本作用（本体）の方は副作用が生じることなく正常に機能するというのです。

これは、「頭隠して尻隠さず」といったたぐいのごまかしです。今日、消費者信用をめぐって起こっている貸し倒れや多重債務をはじめとする問題の原因は、じつは高利資本の展開そのものにあるのです。ここでこのことについて詳述する余裕はありませんが、簡潔にいうならば、現代のサラ金をはじめとする高利金融業者は、主に消費者や零細事業経営者に寄生して、小口貸し付けの方法とさまざまな術策を使って生活や営業費用の上前部分をかすめ取り、ときには全部を取り剥がして収奪しています。高利資本は、そもそも収奪を本性とする資本なのです。高利金融は、信用貸しではありませんから、貸し倒れや多重債務者がおのずから発生してしまうのです。消費者信用＝高利金融本体のそういう性格の経済的な行為から起こっている諸問題を副作用などと見立てて、本体にメスを入れないまま原因をほかに転嫁して小手先で片付けてしまおうとすることは、もともと間違いであり、できないことです。結局のところ、副作用論は、収奪行為を正当化するという、高利金融業者の自己保全を図るための理論にほかならないのです。

ですから、かれらは、貸金業者が消費者を搾取・収奪しているとか、多重債務問題の原因になっているとかいう、本質的な議論を極端に嫌い、反発します。たとえば、坂野氏らは、消費者保護のために上限金利規制の必要性を主張する議論にたいし論外なことまで持ち出して、しかも何らの論証もなしに非難を浴びせます。

「消費者信用市場において〝消費者を保護する〟ために、金利規制の有効性を信じている人はいまだ多い。〝消費者保護〟の旗印のもとに、上限金利規制の支持者が主張するのは、主として次の五点である。1、利子を取ること自体が不道徳である。2、〝過度の〟金利を貸す（「課す」の間違いか―鈴木）ことを防ぐ。3、競争が不完全な場合に利己的な搾取を防ぐ。4、浪費を防ぐ。5、無知な消費者を保護する。つまり、上限金利規制の支持者は、そのような上限金利規制がなければ、非道徳的な貸金業者が無知な消費者を騙して過度の金利を課したり、消費者がクレジットを簡単に利用できることで浪費したりすると、信じているわけである」（前掲論文）

私は、かれらの主張について、ここでいちいち取り上げてみるつもりはありませんが、「上限金利規制がなければ、非道徳的な貸金業者が無知な消費者を騙して過度の金利を課したり、消費者がクレジットを簡単に利用できることで浪費したりする」事実は間違いなくありえることを、はっきりさせておきたいと思います。「非道徳的な貸金業者」には、坂野氏らが蜜月の関係を持っている消費者金融連絡会のメンバー（武富士、アコム、プロミス、アイフル、三洋信販）もふくまれていることはいうまでもありません。これらの業者は、現行規制法のもとでもさまざまな非道徳的な行為をおこなっているのです。たとえば、武富士がおこなったジャーナリストにたいする電話盗聴や言論弾圧などの数々の事件は、「非道徳的な貸金業者」の行為以外の何ものでもありません。いったい全体、坂野氏らは、この武富士が高利貸金業行為を保身するためにおこなった犯罪等について、どのように言い訳をするのでしょうか。まさか、これもクレジットの副作用の内だといってすましてしまうのでしょうか。

（2）市場原理主義的利子論

二つ目は、適正な金利は自由市場が決めるという欺瞞です。これは、さきに紹介した上限金利規制緩和・撤廃論者のほとんどに共通した見解で、国家による金利規制を否定して、これを排除するという、いわば市場原理主義による間違った利子論です。

たとえば、坂野氏らは、「消費者信用市場の機能を説明する経済原則は、基本的に他の財やサービス市場におけるものと同一である」とのべたうえで、基本原則なるものを三つあげています。①信用の〝価格〟が下がるにつれて消費者によって一定期間に需要される信用の量は増加する。ここで、価格とは通常ローンもしくは販売信用における貸付金利（年利）である。②貸し手は、低い価格よりも高い価格で一定期間により多くの信用を提供したいと考える。③信用市場が貸し手に利益をもたらせば、新たな競合企業の参入にも拍車がかかる。

かれらは、この三つの原則にもとづいて、「より多くの信用が一定期間に消費者によって集合的に需要されると、価格を上昇させる圧力が生じる。逆に、市場シェアを増加させるための貸し手間の競争は、価格を低下させる圧力を生じさせる。そのような需要と供給の相互作用によって、市場における競争的価格が確立される」（前掲論文）とのべています。

これは、結論からさきにいえば、実態とかけ離れた俗流的な市場価格形成論です。同じ市場でも金融市場は、他の市場、つまり日常的な商品（物品）の交換市場や労働力商品の交換市場などとは、市場価格の形成において違いがあるのです。

一般的にいえば、資本主義における市場価格は、需要と供給の競争的な関係によって決まり、短期的な変動により、生産価格をめぐって上下します。すなわち、商品にたいする需要が供給を上回っている場合は、市場価格が上昇し、生産が増産されます。逆の場合は、市場価格が下降し、生産が縮小されます。そのさいの競争は、売り手と買い手、売り手同士、買い手同士という三部門で、利潤率の比較を通じておこなわれます。こうして生産は、市場価格のたえまない変動を通じて法則的に調整されます。

では、この法則的な調整がすべての市場でおこなわれるかといえば、ことは単純ではありません。金融市場では、この法則がかならずしも当てはまらないのです。つまり金利は、商品の市場価格と同じように、需要・供給による関係だけでは決まらないのです。それは、商品市場における商業利潤の場合は生産価格に対応した利潤率の均等化が図られるという客観的な基準があるのにたいして、金融市場の利子の場合はそうした法則的な基準はなく、産業や商業を営んでえられる利潤の一部が充てられるにすぎないからです。ですから、利子の額は、最高でも利潤（平均利潤）が限界なのです。実際の利子額が最高水準からどれだけ下回るかは、貸し手と借り手間の社会的な力関係によって決まります。

利子額が、もし平均利潤と同じになれば、借り手の再生産や生活は、成り立たなくなります。同時にそれでは貸し手も困るわけですから、通常の利子は当然、平均利潤を下回ることになります。もし利子が平均利潤と同じか、もしくはそれを上回る場合は、それは明らかに高利であり、暴利です。高利や暴利は、収奪または略奪以外の何ものでもありません。

消費者信用市場における利子の場合は、このことは、もっと単純明快です。借り手（消費者）は、自ら利潤を生み出すことはできませんから、勤務先で働いてえた賃金の一部を利子に充てるしかありません。利子率が高過ぎれば、生活が成り立たなくなることは、おのずから明らかです。消費者信用が必要不可欠だとしても、そのさいの利子率は、消費者の生活が安心して成り立つ程度の低利の水準でなければならないのです。

ところが、現状の消費者信用の利子は、相当な高利の水準にあります。そのことは、サラ金業者が莫大な利益をあげていることをみただけでも一目瞭然です。現状のクレジット

（キャッシング）・サラ金、商工ローンの金利は、銀行の普通預金金利年〇・〇〇一パーセントの二万五〇〇〇倍から二万九二〇〇倍に当たる年二五～二九・二パーセントもの高金利です。その結果、たとえば大手サラ金業者五社の二〇〇五年三月期決算の合計営業利益は、何と五〇七六億円にも達しています。ちなみに、五社合計の総貸付残高は、六兆三八八七億円です。

では、なぜそうした高利の徴収が可能になっているのでしょうか。それは、貸し手と借り手間の競争が完全に不平等な力関係になっているからです。貸し手側の力（高利資本の支配能力）が借り手側のさまざまな意味（経済的、社会的、政治的、心理的）での交渉能力や抵抗能力をはるかに上回っているからです。とどのつまり、借り手は、絶対的によわい立場にあるのです。

かつてマルクスは、高利資本の研究をするなかで、高利貸しは貨幣を必要とする人びとの債務履行能力または抵抗力以外にはまったく制限も知らなかったとのべたことがあります（『資本論』第三部第五編第三六章、新日本出版社、新書版⑪、一〇四五～四六ページ参照）。じつは、マルクスが指摘したこの借り手の高利金融にたいする債務履行能力または抵抗力は、今日のわが国の資本主義社会においても高利徴収の重要なポイントになっているのです。結局のところ、高利の尺度は、貸し手と借り手間の力関係によって決まり、利子率は恣意的にいくらでも高く決められてしまうわけです。

したがって、高利の貸し手側からみれば、今日の消費者信用における利子についての考え方は、そもそも利子率の上限に制限がないに等しい考え方だといっても過言ではありません。ですから、もし法的な上限金利規制がなければ、ごく一部の大手サラ金は現行水準程度にとどまるのかもしれませんが、その他のサラ金や商工ローンは、間違いなく金利を上昇させてしまうでしょう。一定の金利規制がある現状でも、それが不十分であるがゆえに消費者の生活は守られていません。こういう現状のなかで、金融市場における金利規制を撤廃する、自由化するということは、高利や暴利を容認し、高利資本の野獣的な展開をいっそう自由にするということになります。

(3) 上限金利規制弊害論

三つ目の欺瞞は、上限金利規制を設けるとヤミ金融が生まれるとか、消費者の保護にはならない、という上限金利規制弊害論です。

出資法の上限金利が二〇〇〇年六月に年二九・二パーセントに引き下げられたことがヤミ金融発生の最大の原因で、市場から退場させられた中小零細貸金業者がヤミ金融に転化したという規制緩和・撤廃論者の主張は、まったく事実に沿わない議論です。だいいち、ヤミ金融業者が債務者に課していた「利子」なるものは、年三〇～四〇パーセント程度などでは到底なく、年一〇〇〇パーセントとか二〇〇〇パーセントとかいう論外な暴利なのです。かれらは、被害者の告発などで明らかになったように、その多くは暴力団がらみの恐喝屋なのです。

ぺてん師のような理論付け

それはともあれ、私が一番問題だと思うことは、規制緩和・撤廃論者が上限金利規制は消費者の保護にならないなどと、かれらがあたかも消費者側に立っているかのような議論をしていることです。坂野氏らは、「消費者を〝保護する〟と考えられた上限規制は、消費者を保護せず、特に経済の最下層にいるような人々に対して明らかに害を与えている。リスクの高い借り手を保護するための最も確かな方法は、彼らが融資を受ける代替的な資金源を持ち、その中から選択できるよう保証することである。これは、信用の価格が人為的な制約を受けないような市場への、新たな競争企業による参入を促進することで達成できる」（前掲論文）などとのべています。さらに坂野氏らは、クレジットのアベイラビリティ（受けやすさ）を口実にして、「上限金利規制は高リスクの消費者を市場から排除するだけでなく、短期で小口のローンを求めている消費者を排除する」（前掲同）とのべて規制に反対しています。

坂野氏らの議論は、経済学を駆使したトリック以外の何ものでもありません。そのことは、彼らが強調してのべているクレジットの「アベイラビリティ」という用語の代わりに、「セーフティネット」という言葉をあえて置き換えてみれば、おのずから明らかです。ここでのセーフティネットというのは、いわば敗者復活戦を準備して問題を湖塗することです。かれらは、アベイラビリティ＝セーフティネットによって、あたかも高リスク者のクレジットへの参加の機会が開かれるかのような装いをこらしていますが、実際は「優勝劣敗の力学」がいっそう作動する市場に、社会の底辺層に位置するよわい消費者を引きずり込んで、食い物にしようとしているのです。要するに、規制を取っ払って、利子率が極めて高い水準で、高利資本の展開が自由におこなえる市場を確保しようとしているのです。

私は、このようなぺてん師のような理論付けが経済学の名のもとでおこなわれていることにたいし、嫌悪感を抱かざるをえません。本来、経済学が果たすべき役割は、「経済の最下層にいるような人々」の保護を真剣に考えるのであれば、それを保障するのは高金利の貸金業者であるなどと説くことでは勿論なく、社会保障などの充実の手立てをこそ説くことにあります。

「後は野となれ山となれ」式の無責任

経済学の歴史をかえりみれば、古典派経済学の最初の組織者であったアダム・スミスは、封建制社会のなかから自由主義が芽生えて等価交換を前提とした小商品生産がはじまったばかりの社会のなかで、市民社会の主役であった新興階級の人びとの利益を代弁する経済学を打ち立てました。そのスミスは、利子が法律によって禁止されていることにかんしては、貨幣を使用することにより、あるものがえられる以上、その使用にたいして何かが支払われるのは当然で、利子禁止法は高利貸しの弊害を防止する代りに、かえってそれを助長するものだとのべています。さらに、スミスは、利子が許されている諸国においては、法律が最高利率をさだめる場合、高利貸しの搾取を防ぐために、確実な担保がある場合の市場率よりやや高い所にさだめなければならないとのべています。そのうえで、かれは、イギリス（グレート・ブリテン）の当時の利子率に言及して、それにたいする評価をおこなっています。

「グレート・ブリテンのように、貨幣が政府にたいしては三パーセントで貸しつけられ、私人には確実な担保にもとづいて四パーセントないし四パーセント半で貸しつけられる国では、五パーセントという現行の法定利子率は、おそらく、どんなものにも劣らず適切なものである。

注意すべきは、法定利子率は最低の市場利子率をいくらか上まわるべきであるが、大幅に上まわるべきではないということである。たとえばグレート・ブリテンの法定利子率が八ないし一〇パーセントというような高さに定められるなら、貸しつけられるはずの貨幣の大部分は、浪費者や投機家に貸しつけられるだろう」（『国富論』第二編第四章、岩波文庫（二）、水田洋監訳・杉山忠平訳、一五四ページ）

スミスは、もともとは利子の徴収を禁止したり、制限したりすることに反対の立場をとっていました。しかし、それでも、かれの利子論からは、一定の合理性と節度がうかがわれます。合理的な利子の徴収は、当然です。また公権力の力によって利子を完全に禁止した場合に、それに反した貸し付けがおこなわれたり、高利の徴収が闇に紛れておこなわれることは、歴史の事実が証明しているようにも十分ありうることです。問題は、どういう法定利子率が妥当か、ということです。その点、借り手の保護と貸し手の暴走という両面をにらんで、イギリスの例をあげながら法定利子率設定のあり方を示しているスミスの見解は、時代は違いますが、今日の上限金利規制を考える場合でも大いに参考になるのではないかと思います。

ひるがえって、今日の規制緩和・撤廃論者の利子論をみると、そこにはひとかけらの合理性も、そして節度もみられません。高利金融業者の利益を代弁する論理があるだけです。「後は野となれ山となれ」式の無責任があるだけです。それは、たとえば規制緩和・撤廃論者が主張していた「上限金利を設けるからヤミ金融が生まれる」などという論調一つとってみただけでも明らかです。

二〇〇三年九月一日以降に施行されたヤミ金融対策法は、規制の柱の一つに、利息制限法および出資法の規定に反する高金利の金銭消費貸借契約の無効をさだめています。この規定をふくむ法律にもとづく規制によって、ヤミ金融の取り締まりが一定の効果をあげてきていることについては、異論の余地がないでしょう。しかし、もし上限金利規制を撤廃してしまったら、ヤミ金融の規制・取り締まりは、いったいどうなるのでしょうか。じつはこういう重要な案件について、坂野氏らをはじめとする規制緩和・撤廃論者は、何の見解も、具体策も示していないのです。果たしてかれらは、それも市場が決めるとでもいうのでしょうか。

私は、どのような事情があろうとも、すべての消費者が、利息制限法でさだめた利子率を超えるローンの金銭消費貸借をおこなうことのない社会にしなければならないと考えます。そのためには、出資法の上限金利二九・二パーセントを少なくとも利息制限法の制限金利まで引き下げる必要があります（ちなみに、現在の超低金利状況を考えれば、利息制限法の制限金利も高いといわざるをえません）。高利は、どのような理由をあげようとも、すでにのべたように消費者の生活を破壊するからです。高リスク者とみなされる消費者の場合はなおのこと、より高利のローンに手を出してしまったら、そうした人びとは、支払いがいっそう困難になって貧しくなり多重債務者に陥ってしまいます。自殺者も出てしまいます。

3　市場原理主義と金利規制緩和・撤廃論の内実

私たちが問題としている上限金利規制の課題は、市場原理主義にもとづく規制緩和を許すのか、それともそれを阻止して消費者の生活や中小零細事業者の営業を守るのか、という重大なことです。いうまでもなく、市場原理主義にもとづく規制緩和は、消費者側のためにはけっしてなりません。ここでいわれる自由市場というのは、もっぱら価値の増殖、利潤の追求だけを全体原理とする資本主義市場だからです。

内橋克人氏は、編著『経済学は誰のためにあるのか』（岩波書店）において、加速しつつある新自由主義にもとづく規制緩和の本質について、つぎの三点をあげています。

第一は、規制緩和が「官から業へ権限の一部がシフトする」に過ぎず、経団連をはじめとする財界主動の「企業行動完全自由化要求運動」だということである。第二は、規制緩和の本質は、すべては市場メカニズムに任せさえすればうまくいくとする「市場競争原理至上主義」の経済学にあり、そして「すり替えられた規制緩和」が、国民の関知しないところで進んでいることである。第三は、アメリカをはじめとする海外での歴史的経験が、プラスの側面だけ異常に強調されて紹介され、規制緩和一辺倒論が補強されて、もてはやされていることである（『経済学は誰のためにあるのか』、三〜四ページ参照）。

内橋氏の以上の指摘は、わが国で進められている規制緩和の動向全体を捉えてえた結論ですが、それだけにその考え方からは、上限金利規制の問題を考察する場合にも、金利規制緩和・撤廃論者の議論の内実が浮かび上がってきます。

（1）貸金業者が儲ける自由の主張

政界工作をしたり、経済学者を使って理論立てを図ったりしながら、「リスクに見合った金利の引上げの必要」（全金連）を説くなど、総力をあげて上限金利の引き上げを画策している貸金業界の現在の動きは、まさに「企業行動完全自由化要求運動」（貸金業者が自由に儲ける要求の運動）の展開そのものです。そのさいに持ち出される議論の基本にあるのは、国家による規制を排除する市場原理主義です。

消費者信用市場に自由市場原理を

たとえば坂野友昭氏らは、アメリカの消費者金融サービス市場を研究した結果、アメリカの市場では自由市場の原理が働いて、それが十分機能しているとのべる一方で、日本の消費者信用市場は、政府による価格規制（上限金利規制）がいまだに残っている市場の一つであるとのべています。つまり、日本の消費者金融サービス市場では、自由市場の原理が十分機能していないとのべているのです。そこからして坂野氏らは、金利制限を撤廃して、信用の価格が人為的な制約を受けない市場、そして新たな競争企業の参入が制限なく促進する市場の形成を提言するわけです。かれらは、世論を欺くために、上限金利規制は消費者にとっていかに悪いか、逆に規制撤廃がいかに消費者の保護になるかということを力説します。

「上限金利規制が実際の貸付金利の引き下げにつながるであろうか。必ずしもそうではない。重要なのは、法定の上限金利が一定時点における自由市場金利よりも高いか低いか（また、その差はどの程度なのか）ということである。上限金利が自由市場金利を大幅に上回っている場合、上限金利規制は市場にほとんど変化をもたらさない。その場合、上限金利規制よりも市場のほうが実際の金利に対してより優れた規律を与える。

対照的に、上限金利が自由市場金利を下回っている場合、貸し手は信用リスクをカバーするような価格設定を行う能力を実質的に制限されることになる。実際の貸付金利の大部分は、おそらく上限金利の水準もしくはその辺りに設定されるであろう。その場合、法的な上限金利規制は一部の借り手にとって価格（金利）を引き下げる。しかし、それは、合法的な

市場に残る借り手の数がかなり減少するという代価を払ってのことである」（前掲論文）

「消費者信用市場における上限金利規制に対しては多くの経済学者が異論を唱えているように、その上限金利規制によって保護されるべき消費者が本当にその恩恵を受けているかどうかについては、議論の余地がある」（前掲同）

「自己責任論」で責任のすり替え

つぎに市場に任せさえすれば何もかもうまくいくという市場原理主義の議論が、さまざまなすり替えの議論になっていることは、上限金利規制緩和・撤廃論者の場合も同じです。すでにふれたクレジットのアベイラビリティ論や副作用論は、その典型の一つで、貸し手である貸金業者の本質や利害にかかわることを、消費者保護にすり替えた議論です。また「自己責任論」も、すり替えの議論の一つです。かれらは、消費者信用問題は本来、不平等な立場にある貸し手と借り手をわけて論じなければならない性格の問題であるにもかかわらず、両者をいつも対等平等な関係に置いて議論します。

たとえば、金融財政事情研究会のリポート「貸金業の現状と課題～新しい貸金業制度創設への視点～」は、市場の競争原理に委ねるための条件の一つに自己責任をあげて、つぎのようにのべています。

「金融改革システム改革が目指したのは、平たくいえば、自由に行動してもよいが、自己責任を求めるということである。（中略）これを貸金業にあてはめてみれば、貸金業者が貸付条件を明確に利用者に伝え、返済負担がどの程度になるかを消費者が理解し、それを納得したうえで借りるのであれば、約定した金利に基づき元利金を全額返済しなければならないということだ」（『月刊消費者信用』二〇〇五年九月号）

最近出た同研究会のリポート「金融庁懇談会、自民議連が秋口から本格討議へ」の場合は、多重債務の問題の解決を図るためには上限金利の引き下げではなく、自己責任と救済のバランスを保つことが重要だとして、つぎのようにのべています。

「要は、市場経済のなかで自由に経済活動を営む人と、市場の外で保護しなければならない層を明確に峻別することが必要だ。一度市場経済に入ったものの、何らかの理由でそこから退出しなければならない人もでてくる。それが多重債務者であり、その人たちのためには、公正な法的、私的債務整理、カウンセリングによるセーフティネットで受け止める仕組みが必要になる。その場合、収支の改善可能性などを第三者が吟味しながら、自己責任と救済のバランスを保つことが重要になる。上限金利の引下げでは、資金が逼迫し借入先を求め続ける多重債務者を救うことはできない。政策金融とセーフティネットの整備によって、市場原理が適用できない領域に対する手当てを行う一方、市場原理に委ねられる領域においては、貸し手と借り手が公平な立場に立ち、自由な意志に基づいて契約を行い、自己責任を貫徹できるフレームワークの構築を目指さなければならない」（『月刊消費者信用』二〇〇五年一〇

月号）

桜井哲夫氏は、『〈自己責任〉とは何か』において、最近「自己責任」という言葉が「妖怪」のごとく日本社会をさまよい歩いているような気がしてならないとのべています。そしてそれが、たとえば医療の分野では、自己責任の名のもとに弱者への配慮のない政策がまかり通りはじめ、健康維持の自己責任の名のもとに自己負担が増大させられ、その結果、収入のない高齢者の生活が脅かされていると指摘しています。かれは、ここでの自己責任は弱者を排除するための概念になっているとのべています（『〈自己責任〉とは何か』講談社現代新書、七〜一三ページ参照）。じつは上限金利規制緩和・撤廃の議論においても、金融財政事情研究会のリポートにみられるように、まさに自己責任という言葉が先行するような規制緩和の騒動になっているのです。

多重債務問題は貸し手側の責任

消費者信用市場における責任問題で今一番問題になっていることは、過剰貸付（押付貸し）をはじめとする貸し手側の責任（貸主責任）です。多重債務問題は、業界側にいわせれば、借り手が無計画に借り過ぎるからだといいますが、実際は信用貸しをしないで、高利で貸し付け、そのうえ、強引な取り立てをやっていることに根本原因があるのです。

一般的に責任とは、ある自発的な行為を原因として、その行為者に負わされる意識もしくは責務、制裁のことをいうものです。大別すれば、①精神的責任、②道徳的・社会的・政治的責任、それに③法律上の責任の三つにわけられます。法律上の責任は、法律的な不利益または制裁を負わされることを広く指しています。狭義では、違法な行為をした者にたいする法律的な制裁を指し、民事責任と刑事責任にわけられます（浦田賢治「『特別報告集』を読む」自由法曹団東京支部ニュース、二〇〇〇年五月号参照）。

また、貸主責任とは、金融機関と与信を受ける者（借り手）とのあいだでおこなわれる取引きの過程で、①金融機関には権利を濫用することなく、かつ信義誠実の原則上認められる諸義務をつくすことがもとめられ、②これに反する金融機関の具体的な違法、不当な行為によって相手方に生ずる不利益にかんしては、借り手が貸し手にたいして民事責任を問うことができる、というものです（長尾治助編『レンダー・ライアビリティ——金融業者の法的責任』悠々社、二〜八ページ参照）。

責任というものをこのように捉えるとするならば、消費者信用市場における責任の内容は、おのずから明らかです。貸し手と借り手は、立場上けっして対等ではなく、したがって負うべき責任も全然違います。だいいち、利子論の議論の所でものべたように、貸し手と借り手の経済的な力が格段に違います。情報や知識一つとってみても、違いがあります。心理的な立場にも大きな違いがあります。また、消費者のあいだでも、金銭観の相違、経済事情にたいする判断の差には、千差万別の違いがあります。ですから、国は、貸金業者の相手方である生身の人間やその家族の生活に与える影響には重大なものがあることから、利息制限法や出資法、貸金業規制法等にみられるように、法律や金融庁事務ガイドラインで与信取引における消費者保護の規定等をさだめ、貸し手にたいし過剰貸し付けを禁止し、上限金利規制や取り立て規制をして、制裁も負わしているのです。

したがって、消費者信用市場において、貸し手が貸し付け行為におけるルールを遵守していないことから借り手側に多発している、多重債務や自殺などの問題の責任は、貸し手が負うべきものです。借り手は、被害者なのです。貸し手と借り手の責任を対等に並べて、自己責任を論じている金利規制緩和・撤廃論者の議論は、結局のところ、貸し手側が負うべき責任を曖昧にして免責（免罪）し、自業自得だという形で借り手にその責任を転嫁する議論です。ここでの自己責任は、責任を借り手に押し付けるための概念になっているのです。

このことは、かれらの自己責任論をよくみれば明らかです。金融財政事情研究会のリポーターの見解の場合でいえば、市場原理に委ねられる領域において、貸し手と借り手が公平な立場に立って、そして自由な意志にもとづいて契約をおこなって、自己責任を貫徹できるフレームワークを構築することなど、いったい全体どのようにできるのでしょうか。また、「市場の外で保護しなければならない層を明確に峻別すること」など、どのようにできるのでしょうか。市場原理の貫徹を論じる人たちの性格の一つに、空想を論じるという特徴があるといわれていますが、この金融財政事情研究会のリポートは、まさにその空論です。しかし、それだけならまだしも、リポーターの問題提起の狙いは、とどのつまりは空論をかざして消費者信用市場における現行上限金利規制の緩和を実現することにあるのです。そして、公平な自己責任を貫徹するフレームワークなどはできるはずがありませんから、現実は貸し手の自由意志だけがまかり通り、借り手はそれに従わざるをえなくなり、責任も借り手が負わされることになるのです。

(2) アメリカの新自由主義論者の考えの植え換え

わが国における規制緩和の議論が、アメリカをはじめとする海外での経験がもてはやされて論じられていることは、消費者信用の分野においてもまったくその通りです。すでに何度も紹介している坂野友昭氏らは、アメリカやイギリスではこうだ、アメリカやイギリスではしかじかであるから、日本でもこうすべきだと唱えています。

では、なぜアメリカとイギリスなのでしょうか。いうまでもなくその理由の第一は、新自由主義による規制緩和策がまずイギリスのサッチャー政権において、ついでアメリカのレーガン政権において実行され、それがとりわけアメリカの政府と多国籍企業によってグローバル化されたことにあります。第二は、この新自由主義による規制緩和の理論的支柱となっているのが、シカゴ学派の経済学者ミルトン・フリードマンらで、かれらの理論が日本の経済学者にも影響を与えていることです。

この二つ目の理由について若干ふれておけば、坂野氏らがかれらから影響を受けていることは明らかです。主張している理論的内容は、ほぼ同じです。それに坂野氏らは、自分たちの議論を合理化するために、フリードマンの言説をことさら引用しています。理論的内容の一例をあげれば、フリードマンは、市場による消費者の保護について、市場競争にまかせておけばよいのだといった調子でのべています。

「われわれの世界はけっして完全ではない。そこにはつねに貧弱な商品があり、ニセ医者や詐欺師がいることだろう。しかし概していえば、市場競争がその働きにまかせてもらえさえすれば、今日ますます市場に対して上から押しつけられてきている政府による規制やその他の活動よりも、消費者をはるかによく保護してくれる。（中略）競争が消費者を保護してくれるのは企業人が官僚よりも思いやりがあるからではなく、また企業人が官僚よりももっと博愛の精神をもっていたり、慈悲深いからではなく、さらにはまた企業人が官僚よりももっと有能であるからでもなく、消費者に奉仕することが企業人の自己の利益となるからだ」（『選択の自由』日本経済新聞社、三五三ページ）

そして、坂野氏らは、さきの論文の冒頭において、アメリカをはじめとする資本主義経済では消費者信用市場にかんしても、規制ではなくて競争が市場の効率性につながることについては経済学者のコンセンサスをえているとして、その証左に、「借り手が支払い、貸し手が受け取る金利に法的な規制を設けることに賛成する経済学者を、いてもおかしくないはずなのだが、私は一人も知らない」とのべているフリードマンの言説を、わざわざノーベル経済学賞受賞者という肩書きを付して紹介しています。

宇沢弘文氏によると、フリードマンの考え方は、人間の尊厳を否定して自分たちだけが儲ける自由を主張し、結局その時々のもっとも経済的な強者、あるいは大企業に利益を追求することを認めよということです。これが、かれがいうところの規制を取り払うことの本音です（前掲『経済学は誰のためにあるのか』での内橋氏との対談、八ページ参照）。このようなフリードマンの考え方は、人間の社会的倫理に反する狂気の経済学以外の何ものでもありません。

問題は、宇沢氏がのべているように、フリードマンらの考え方がわが国で「規制緩和を主張している学究者たちの発言や著述にそっくりそのまま移し植えられている」ことです。坂野氏らをはじめとする金利規制緩和・撤廃論者の議論には、破産者や多重債務者にたいする痛みの感情、借金苦や生活苦で心ならずも自殺した人びとにたいする悲哀の感情などまったくありません。私は、そのわけはもとをたどれば、フリードマンらの人間性否定の新自由主義経済学にあるのではないかと思います。

（3）優勝劣敗＝弱肉強食の「天国と地獄」

いずれにせよ、金利規制緩和・撤廃の議論には、あげてみればつきないほどの本質的な問題点があります。ここでは最後に、その問題点の一つである市場競争の結果として貸し手と借り手間において発生する弱肉強食の問題の本質についてふれておきたいと思います。

冒頭に紹介したように、自民党の西川公也氏は、自由競争のなかでは「優勝劣敗の力学が働くから、創意工夫の精神を失わない人たちが事業を営む限り、むやみやたらと金利は上がらない」とのべています。しかし、現実は、逆です。今日の消費者信用市場の実像は、クレジット・サラ金、商工ローンなどの高利金融が大半を占めている市場であって、搾取と収奪を本性とする高利資本が展開している特殊で異常な市場だからです。高利金融業者は、「創意工夫の精神を失わない人たち」などとよべる人たちではけっしてありません。むしろ現実は、公的規制が取っ払われて、高利金融業者が自由競争を展開すれば、優勝劣敗＝弱肉強食の力学が作動し、金利も上昇し、多重債務者や自殺者が増え、高利金融被害がいっそう常態化します。一方の極には貸し手のなかに高利成金の長者が生まれ、他方の極には明日の生活にも事欠く多重債務者・貧困者が生まれるというように、弱肉強食の「天国と地獄」の世界を作り出します。

このことは、クレジット・サラ金、商工ローンの「高金利」「苛酷な取り立て」「過剰貸し付け」などの酷さをみただけでも明らかです。そのなかには、前武富士会長の盗聴事件や商工ローン社員の恐喝事件などの刑事犯罪もふくまれます。こうした経済的、非道徳的に人間が人間を痛めつけるという行為は、まともに生きている人間、まともに働いている人間のあいだでは通常は起こりません。それが、高利金融業の世界で起きるのは、それなりの特殊な理由があるからにほかなりません。それは、一言でいえば、金融業者が唯の業者ではなく、ほかならぬ高利資本の担い手そのものだからです。高利資本は、人の命とか、人権とか、社会的利益などはいっさい無視して、もっぱら自己の最大限利益だけを追いもとめる習性を本質とする資本ですから、借り手からの収奪には手段を選びません。

その典型的な例の一つは、商工ローンの日栄（現ロプロ）の社員（当時二五歳）が一九九九年一〇月三〇日に、取り立てのときに借り手にたいし、「腎臓売れ」「目ん玉売れ」などといって恐喝し逮捕された事件です。じつは宇都宮健児弁護士によると、この社員は、親思いのまじめな子だったそうです。宇都宮弁護士と作家の宮部みゆきさんの対談（朝日新聞社『論座』二〇〇四年五月号、宇都宮健児著『反貧困――半生の記』花伝社、収録）で、それが紹介されています。

宇都宮　誰でも最初、あれは回収を頼まれた暴力団だと思うでしょう。実際は、日栄の社員なんですね。普通、弁護士が入ると取り立てが止まるので、それで一件落着にすることもできたんですが、あまりにもひどい取り立てだし、それが全国的に行われているのは放置できないので、刑事告発し、青年は逮捕されました。大学の経済学部を出て日栄に入ってまだ二年もたっていなかった。裁判を傍聴したら、お母さんが情状証人として出ていました。新聞配達をしながら学校に通い、大学まで進んで、こんな親思いのまじめな子供が何でこんな罪を犯すのか、親としてわからないと話していました。日栄では過酷なノルマがあって、それを達成するためにマニュアルもあったようです。ごく普通の、背の高い細身の人でね。それが、ああいう取り立てを現実にやっていた。

宮部　巻き舌でね。彼は大学を出て上場企業、いい会社に入ったわけですよね。そういう人が、あんな脅し文句を電話で言わなきゃならないようになって、それが日常になってしまうまでに、いったい何があったんでしょう。何が、お母さん思いのおそらく働き者で勉強熱心な人を、そうさせたのか。日栄という会社はどうやってそうさせたのか、興味がわきます。ややカルトに似ていますよね。

宇都宮　まさに企業の形態を取ったカルト宗教です。会社が一つの閉ざされた社会になって、その中では、そうしないと批判されるし、上司から怒られる。給料を下げられたり降格されたりクビになったりする。盗聴で前会長が起訴された武富士も同じです。やっぱり業界最大手で一部上場。日栄よりすごいのは日本経団連にも加盟していて、利益からすれば日本のトップ企業です。やっぱり大変なノルマがあって、一時は月に百時間以上残業するのが当たり前のような状況でした。

高利金融業の経営者も、そして社員も、ノルマ達成のためには犯罪も辞さないという異常な行為が、この高利金融業界では、正常扱いになっているのです。高利金融市場の自由な競争は、「自由競争」自体がはじめから「強者の論理」で展開しているのです。裏返していえば、「弱者の論理」に絶対的に冷たいのです。お客である借り手にたいして収奪や人権侵害をするだけでなく、社員にも非人間的で過酷な労働を強いているのです。

この点にかんして私は、もう一つ補足しておかなければならないことがあります。それは今日、メガバンクと大手クレジット・サラ金、または地方銀行とクレジット・サラ金の癒着がいっそう進み、近代的信用制度の担い手であるべき銀行信用が高利貸化していることです。現状の金融市場は、外資のファンドやノンバンクも参入して大競争時代に突入し、大が小を食い、勝者が敗者を排除または吸収して、さらに肥えていくという弱肉強食の世界が広がっています。

さきに紹介したように、現役官僚の石川氏と元官僚の野尻氏は、利息制限法と出資法という二本立てになっている現行金利規制を統一した「与信業の上限金利規制統一法」という新制度を提案しています。しかし、これは、かれらが「銀行とノンバンクの融合」の時代における大銀行と大手サラ金の進むべき方向を示そうとしたものであり、デビッド・コーテンが『グローバル経済という怪物――人間不在の世界から市民社会の復権へ』(シュプリンガー東京)においてのべているように、「市場価格を最適レベル以上に釣り上げようとする」案にほかなりません。生き残りをかけた大手銀行と大手サラ金を中心とする金融市場における競争は、それを放任するならば、「強者の論理」が貫徹して、消費者の生活や中小零細事業者の営業がますます困難になる方向に作用することになります。

第6章　高金利引き下げの現段階と課題

二〇〇六年一二月に、多重債務問題を解決するために貸金業規制法などの一部改正案が可決・成立し、新しい貸金業法（以下、主に改正貸金業法といいます）が制定されてから、ちょうど三年（二〇〇九年一二月時点）になります。この改正貸金業法は、出資法の上限金利の引き下げ（グレーゾーン金利の廃止）、貸付金総量規制、貸金業者参入・行為規制、監督の強化などを主な内容として、公布（二〇〇六年一二月二〇日）から概ね三年を目処に完全に施行するというものでした。

しかし、法改正の中心的課題であった上限金利の引き下げ（年利二九・二パーセントから二〇パーセントへの引き下げ）や、年収の三分の一を超える貸し付けの原則禁止による総量規制については、未だ施行されていません。金利の引き下げに反対する貸金業界や一部マスコミなどが、改正貸金業法にある見直し規定（経過措置*）を盾に、改正貸金業法の早期完全施行に抵抗しているからです。こうした状況下で、日弁連（日本弁護士連合会）や高金利引き下げに取り組んできた諸団体は、政府にたいして改正貸金業法の早期完全施行をつよくもとめています。そして同時に、現行利息制限法でさだめている上限金利水準の引き下げ（経済・金融事情に見合った適正金利水準への引き下げ）についての新たな運動もはじめています。

＊ 経過措置とは、金利規制のあり方につき、施行から二年半以内に、出資法および利息制限法の規定を円滑に実施するために講ずべき施策の必要性について検討を加え、その検討の結果に応じて所要の見直しをおこなう、というものです。

1 改正貸金業法成立にいたる経過

改正貸金業法は、貸金業界とアメリカ政府による猛烈な抵抗と巻き返しがおこなわれたなかで、国民的運動の力で勝ち取った法律です。

業界は上限金利引き下げ反対の運動を展開

貸金業界は、懸案となっていた二〇〇六年の「上限金利の見直し」を前に、司法において不利な流れとなっていた「みなし弁済規定」について、要件の緩和をもとめると共に、出資法の上限金利の年二九・二パーセントから年四〇・〇〇四パーセントへの引き上げを当面の目標として運動を展開しました。同時に、業界は、御用学者なども総動員して、将来的には出資法や利息制限法の金利規制そのものの撤廃・自由化を目指して、国会議員や政府にたいする働きかけをつよめてきました。

そのさい、かれらは、つぎのような二つの点を主張して大々的なキャンペーンを展開しました。その一つは、経済的に貧しい人びとにたいする貸し付けは貸し倒れになるリスクが高いから、そのような貸し付けは金利が高くても当然だという考え方（「信用リスクに応じた金利設定論」）です。二つ目は、金利の低下は貸金業者の消費者金融市場への自由な参入と競争によって図られるという考え方（「金利自由化論」）です。

こうした考え方は、貸金業者の高利の貸し付けを合理化する、身勝手かつ欺瞞的な「高金利正当化論」にすぎません。かれらの議論にしたがえば、貧しい人びとが高利の借金をした場合は、すぐに返済困難に陥り家計が破綻してしまうことは目にみえているからです。そして、出資法や利息制限法による上限金利さえも撤廃して、金利を完全に自由化した場合は、消費者信用市場は高利が野放しになって、出資法の上限利率が年利一〇九・五パーセントであった頃の「サラ金地獄」の再現をみることになることは明らかだからです*（金利の完全自由化は、金融業界全体にとっても大混乱をまねき、経済活動そのものが立ち行かなくなります）。

＊　貸金業界の理論的支柱となったのは、主として早稲田大学消費者金融サービス研究所の学者らです。かれらは、経済学の抽象的な市場理論に依拠し、「高金利正当化論」「金利自由化論」を唱えました。この利子

論については、鳥畑与一「新自由主義の高金利正当化論を切る―経済学から見る消費者金融高金利問題―」（『金融労働調査時報』銀行労働研究会、二〇〇六年五・六月号）、鈴木久清「市場原理主義とクレジット・サラ金――上限金利規制緩和・撤廃論を批判する」（『経済』新日本出版社、二〇〇六年三月号、本書第5章に所収）をご参照ください。

アメリカ政府が日本における金利引き下げに反対してきた理由

アメリカ政府からの圧力は、じつに強圧的で酷いものでした。アメリカ政府が日本における金利の引き下げに反対してきた理由は、二つありました。

その一つは、金利の引き下げが、当時、日本で貸金業を営んでいたGEコンシューマー・ファイナンス（ゼネラル・エレクトリックグループ）やアイク（シティバンクグループ）などのアメリカ系サラ金業者の利害に直結していたため、それを食い止める必要にせまられたことです。二つは、金利の引き下げが、武富士やアイフルなどの大手サラ金会社の株式を購入して運用していたアメリカ系投資ファンドの利害に直結していたことでした。グローバル化した多国籍企業にとって、日本における上限金利の引き下げは、存続を問われる大問題だったのです。

ですから、アメリカ政府は、まず二〇〇五年一二月に日本政府に突き付けた「年次改革要望書」において、貸金業者による貸し付けの債権を法的に有効にするための措置（グレーゾーン金利を廃止し、その分の金利を確実に取れるようにするための法改正）をもとめてきました。そして、上限金利の引き下げの世論が高まるなかで、それに危機感を持ったアメリカ系のサラ金業者や投資ファンド会社は、米国金融業界団体や在日米国商工会議所、さらには駐日大使館を通じて、日本政府や与党にたいし、金利の引き下げに反対する露骨な働きかけをおこなってきたのです。

こうした貸金業界の策動やアメリカ政府の圧力にもかかわらず、上限金利の引き下げをはじめとする改正貸金業法は、成立しました。

高金利引き下げの運動は、もともとはクレジット・サラ金被害の根絶を目的に、クレサラ被害者と、その被害救済に取り組んできた弁護士、司法書士、被害者団体が中心となってきた運動でした。この運動は、金利の引き下げの点だけをみれば、一九八三（昭和五八）年一一月以前は年利一〇九・五パーセントであった貸金業者の貸出金利を、二〇〇〇年六月には年利二九・二パーセントまで引き下げるという、大きな成果をあげてきました。しかし、この貸出金利水準は、高利による被害者を救済して多重債務問題を根本的に解決するためには、まだまだ不十分で、運動の幅を広げて、上限金利をいっそう引き下げることがもとめられました。

こうした金利引き下げの運動にたいして、貸金業界は、すでにのべたように、金利引き下げにつよく反発し、上限金利規制緩和および撤廃の運動を対置してきました。高金利や多重債務に苦しむ人びとの命と暮らしを守る運動は、新たな局面にさしかかったのです。

この段階にいたって、高金利引き下げの運動は、労働者福祉団体、労働組合、消費者団体などが新たに加わるとともに、日弁連が「上限金利引き下げ本部」を設置し、運動の幅が飛躍的に広がってきました。署名活動、シンポジウム、集会、デモ、キャラバンなど、多彩な運動が展開されました。最終的には、与野党の国会議員を動かして、新しい貸金業法が全会一致で可決されたのです。

金利引き下げの運動が歴史的勝利を収めることができた理由

金利引き下げの運動が、歴史的な勝利を収めることができた要因について、この運動の先頭に立ってきた宇都宮健児氏は、つぎの四点をあげています。

①次々と出された「みなし弁済規定」(グレーゾーン金利)を否定する最高裁判決が追い風となったこと、②弁護士、司法書士、被害者団体にとどまらず、労働団体や消費者団体にまで運動が広がり、この運動のなかで三四〇万人の署名が集まり、四三都道府県一一三六市町村議会で金利引き下げ決議が採択されたこと、③運動の広がりが世論を動かしたこと——新聞では、朝日・毎日・東京中日新聞だけでなく、読売新聞までが社説で金利引き下げを主張するようになり、テレビではワイドショーで金利引き下げ問題やグレーゾーン金利問題を取り上げ、一般の市民もグレーゾーン金利や過払金返還請求権などを知るようになった、④このような運動の広がりや世論の動きを踏まえて、徹底した政党・国会議員対策、金融庁懇談会対策をおこない、自民党のなかにも金利引き下げに理解を示す議員グループが形成されたこと(宇都宮健児著『大丈夫、人生はやり直せる——サラ金・ヤミ金・貧困との闘い』新日本出版社、六〇ページ参照)。

改正貸金業法は、自民・公明連立政権のもとで、アメリカの新自由主義に追随した構造改革政策が進められている最中に成立しました。したがって、このことは、政府の基本政策に大きな風穴があいたことを意味しています。宇都宮氏は、いっています。「新法を成立させた私たちの運動は、アメリカ寄りの新自由主義、市場原理主義的政策に対し、最初に楔を打ち込んだ運動だったのではないかと思います」と（同書、六四ページ）。

2　なぜ改正貸金業法の完全施行が遅れているのか

大きな国民的運動の力によって成立した改正貸金業法は、冒頭にのべたように、公布から概ね三年を目処に完全施行されることになっていました。しかし、一方で、貸金業界はマスコミや一部の政治家を通じて、「金利を下げると低所得層の資金需要にこたえられずヤミ金が蔓延する」などといった使い古した議論を使って、新法の見直しキャンペーンをおこない、完全施行を妨害しています。規制の後退を狙って、策動を続けているのです。

サラ金業界の「逆襲」

貸金業界は、じつは、法改正の直後から「法改正のために中小企業の倒産が増えている」などといった主張を流布するために、マスコミ各社への働きかけをつよめていたのです。いわばサラ金業界の「逆襲」がはじまっていたのです。業界の意を受けた一部のマスコミは、キャンペーンに乗り出しました。その代表的なものは、「個人事業者の倒産急増　貸金業法規制で融資審査厳しく」（『日本経済新聞』二〇〇七年四月一三日付）、「灰色金利撤廃で貸し渋り」（『産経新聞』二〇〇七年六月一三日付）、「日本経済最大のリスク『行政の誤謬』恐怖」（『週刊東洋経済』二〇〇七年一二月一五日号）です（北健一著『高利金融　貸金ビジネスの罠』旬報社、一八〜一九ページ参照）。

こうしたマスコミのキャンペーンの極め付けは、二〇〇八年二月三日に放送された「サンデープロジェクト」（テレビ朝日系）の「経済徹底分析！　どうなる？　日本経済」と銘打った特集番組でした。この特集番組の内容については、フリージャーナリストの北健一氏が『高利金融　貸金ビジネスの罠』において、詳細に紹介し批判していますので、参照してください。

司会は、メインキャスターの田原総一朗氏。ゲストは、竹中平蔵氏（慶応義塾大学教授）と木村剛氏（株式会社フィナンシャル社長、日本振興銀行会長）。この竹中氏と木村氏は、深い連携関係にある人物です。木村氏は、二〇〇二（平成一四）年には、当時金融・経済財政担当相であった竹中氏が率いる不良債権処理を目的とする「金融庁金融分野緊急対応戦略プロジェクトチーム」（通称「竹中チーム」）に参加し、辣腕を振るったといわれています（『二〇〇九年クレサラ白書』第二九回全国クレサラ被害者交流集会実行委員会、一五九ページ参照）。

ここでは、竹中氏の話の結論を紹介しておきたいと思います。かれは、改正貸金業法による金利規制について、「貸したり出資したり売ったり買ったり金利を決めたりっていう、市場経済の大原則のところを縛っちゃいけないんですよ」「これはまさに、政策のイロハのイなんです。そのイロハのイを守らないで、無理やりどっかで抑えつける、金利を抑えつけたら何が起こるかというと、貸金業者（高利貸金業者のこと—鈴木）は廃業しますよ。だから現実に貸金業者が減って、金が回らなくなって、それが今の経済の停滞につながっている」などとのべたのです（前掲『高利金融　貸金ビジネスの罠』一七ページ参照）。竹中氏のこの議論は、まさに新自由主義にもとづいた「金利自由化論」であって、改正法成立前に展開された金利規制反対派の主張の蒸し返しにすぎません。

高利貸金業者擁護の議論

しかも、竹中氏の議論は、経済・金融事情の事実関係や問題の真相を曖昧にした話であって、高利貸金業者を擁護する議論なのです（竹中氏の議論については、後述の「補論　竹中平蔵氏と高利貸し擁護論」をご参照ください）。だいいち、金が回らなくなったり、経済が停滞している原因は、出資法の上限金利規制にあるのではなく、大手銀行をはじめとする金融機関の中小企業への融資引き締め、貸し渋りなどにあるのです。それから、上限金利の引き下げなどによって、高利貸金業者が廃業することは、略奪の悪徳金融業者が減ることであって、消費者や中小零細事業者にとっては、実際は良いことで、喜ぶべきことなのです。現に、高利商工ローン業者であったSFCG（旧商工ファンド）は、二〇〇九年二月二四日に裁判所に民事再生申立て（後日、破産に切り替え）をおこなって倒産しました。この会社の社長であった大島健伸氏は、億万長者を豪語していた強欲の経営者で、倒産直前に、自身を保身するため資産隠しなどをおこなっていた、と報じられています。ですから、このような金融業者は、減って当然なのです。*

＊　SFCGの社長であった大島健伸氏は、二〇〇四年一一月に発行した、渡部昇一氏との対談書『億万長者（ビリオネア）の教科書』（ビジネス社）において、富と金をつかんで億万長者になる極意について語り合っています。大島氏は、ドイツのフランクフルトでの両替商（一七六四年）から世界最大の金融業者・大富豪にのし上がったロスチャイルド家に憧れて、中小企業への貸し付けを業とする高利貸しになった人物です。そんなかれですから、対談のなかでは、「適者生存」を説く社会進化論にもとづく、弱肉強食の世界を肯定する話まで出ています。この大島氏は、二〇〇九年六月二日に東京地方裁判所から、破産法にもとづく損害賠償請求額の査定手続きで、資産隠しがあったとして約七一七億円の賠償額を決める決定を受けています（「山陽新聞WEB NEWS」二〇〇九年六月四日付）。

このSFCGの倒産の話に付け加えてのべておけば、この大島氏に手を貸していたのは、なんと「サンデープロジェクト」の番組にゲスト出演していた木村剛氏が会長を務めている日本振興銀行だったのです。日本振興銀行は、SFCGとは深い関係にあり、同行自らの発表によるだけでも、二〇〇九年三月一九日現在でSFCGから一〇二四億七〇〇〇万円の債権を譲り受けていたのです。ちなみに、ＳＦＣＧの負債総額は三三八〇億四〇〇〇万円ですから、日本振興銀行の譲り受け債権額は、負債額の三割を超える金額なのです。

木村氏は番組で、現在の経済状況について「コンプライアンス不況」だといって、政府・金融庁による金利規制を弾劾していました。しかし、かれがやっている金融業こそ、むしろ弾劾されるべきことではないかと、私はつよく思います。

かくして、改正貸金業法の完全施行のためには、こんにちの流動的な事態を乗り切ることがもとめられています。日弁連は、二〇〇九年一一月一二日に「改正貸金業法の早期完全施行を求める院内集会」を開きました。国会では、一一月一七日に日本共産党の大門実紀議員が参議院財政金融委員会で、改正貸金業法の完全実施を亀井静香郵政・金融担当相にせまりました。亀井金融相は「法律の改正をいじる気持ちはない」とのべ、完全施行の方針に変更はないとの立場を示しています。また、金融庁が設置した改正法導入にかんする検討チーム座長の大塚耕平内閣府金融担当副大臣は、チームについて「改正後の規定を円滑に実施するため」として、「完全実施が前提だ」とのべています（「しんぶん赤旗」二〇〇九年一一月一八日付）。

金融庁によれば、この改正法導入にかんする検討チームというのは、金融・消費者担当の副大臣や政務官らで構成するもので、実態を調査し課題を検討するチームだといわれています。*

問題は、今なぜ、実態を調査し課題の検討が必要なのかという点にあります。このような「課題」というのは、報道によれば、「規制が強化されれば、個人事業者らが融資を受けにくくなる」

との貸金業界側の主張のことです（「朝日新聞」二〇〇九年一一月一四日付）。このような「課題」は、すでに法改正時に充分議論し、検討したことであって、今さら蒸し返すべきことではありません。改正貸金業法は、まさに早期に完全施行すべきなのです。

＊ この検討チームは、「貸金業制度に関するプロジェクトチーム」として二〇〇九年一一月三〇日に第一回目の事務局会議をおこない、二〇一〇年二月一八日現在までに一三回の事務局会議および関係団体・有識者等からのヒアリングをおこなっています。

補論　竹中平蔵氏と高利貸し擁護論

竹中平蔵氏は、小泉内閣で経済財政担当大臣、金融担当大臣、郵政民営化担当大臣、総務大臣を務めるなどして、新自由主義にもとづく「小泉構造改革」を推進した人物です。そのかれは、構造改革の悪弊がつまびらかになった今日、日本経済が迷走しているのは改革が途中で後退したからだといった理屈をのべて、「小泉構造改革」を正当化しています。この竹中氏の態度は、共にその改革の推進を担った中谷巌氏が、自らがおこなってきた新自由主義的改革を「懺悔《ざんげ》」しているのとくらべると、じつに対照的です。

その竹中氏は、二〇〇九年五月におこなわれた貸金業界の総会によばれて、講演しています。そこでかれは、「消費者金融は銀行から資金調達をしていますが、その銀行が貸し出さなくなっている。しかし、運用先が困っている郵貯のお金があるではありませんか。お金を集めるのを郵貯がやり、そして運用をノンバンクがやればいいのです。その間の提携を政府としていかに確立していくかが、日本の金融システム改革の非常に大きな柱になって行く」とのべています（『週刊金曜日』二〇〇九年七月三一日号、前掲『二〇〇九年クレサラ白書』基調報告参照）。庶民の貴重な金融資産をサラ金会社に供給すべきだといったおどろくべき議論は、自民党の国会議員などもしていたことですが、「小泉構造改革」の象徴であった郵政民営化の担当大臣であった者の本音の発言として、注目すべきことです。そして同時に、こうした議論は、竹中氏の経済学が高利貸しの収奪を認める、すなわち弱肉強食を容認・推進する新自由主義の経済学であることを自ら示している点で、注目すべきことです。

中谷巌氏は、「懺悔の書」である『資本主義はなぜ自壊したのか——「日本」再生への提言』において、「新自由主義の思想は、私たちが暮らす社会を個人単位に細分化し、その『アトム化』された一人一人の自由を最大限尊重するという思想だから、安心・安全、信頼、平等、連帯などの共同体価値には何の重きも置かない、つまりは人間同士の社会的つながりなど、利益追求という大義の前には解体されてもしょうがないという『危険思想』なのである」（『資本主義はなぜ自壊したのか——「日本」再生への提言』集英社インターナショナル、二一七〜二一八ページ）とのべています。かれの「懺悔」は、自分の経済学を根本から反省したものではありませんが、少なくとも新自由主義経済学の危険性に気が付いている点において、積極的な意味を持っています。したがって、かつての同志であった竹中氏の考えは、まさに「危険思想」そのものといえます。

その「危険思想」の内容は、たとえば、①平等は幻想だとして所得格差の広がりを肯定する、②欲（グリード）を持って成功したビル・ゲイツやジョージ・ソロスのような人を賛美する、③二四時間営業の「ホームコンビニ」によるベンチャービジネスや入居料に一億円位かかるような有料老人ホームの「お金持ち」ビジネスなどを成功例として美化する、④アメリカは才能ある人間を活躍させる自由社会だといって、その経済モデルを絶対視する、などなどです。これらの考えは、今から一〇年前に、中谷氏と竹中氏が共著『ITパワー――日本経済・主役の交代』(PHP研究所)において、意気統合して語り合っていた内容です。こうした考えについて、中谷氏は、今では反省しているわけです。

一方、竹中氏は、周知のように郵政民営化を強引に推し進めました。その過程で、かれは郵政選挙といわれた二〇〇五年の総選挙に立候補した、IT（情報技術）ベンチャービジネスの象徴のような存在であったライブドア社長（当時）の堀江貴文氏を、天まで持ち上げて応援しました。堀江氏は、郵政民営化に反対していた亀井静香氏にたいする〝刺客〟として、自民党が事実上担ぎ上げた候補者でしたが、落選しました。〝時代の寵児〟といわれた堀江氏は、その後、証券取引法違反の容疑で逮捕され、起訴されました。ちなみに、ライブドアは、グループ企業の一つとして、ライブドアクレジットというサラ金会社を経営していました。

ノンバンクにかんする竹中氏の考えは、これも「危険思想」のあらわれの一つにほかなりません。かれは、今から九年前に、企業の資金調達の問題にからめて、ノンバンクについてつぎのようにのべていました。

「これまでは、(企業は)社債を発行して市場から資金を直接調達するか、あるいは銀行から融資を受けるという方法が一般的でしたが、別の方法があってもよいはずです。たとえば、ノンバンクを通じて資金を調達するという方法です。(中略)ノンバンクは預金を集めることができない、つまり決済できる預金を持っていない金融機関ですが、企業に貸し出すことはできます。問題は、貸し出す資金をどうやって集めるかです。そこで、ノンバンクが社債を発行して資金を集めることが解禁されました。これによって、企業が資金を調達する方法として、自らが社債を発行する、銀行から融資を受けるというほかに、ノンバンクから借りるという新しい選択肢が増えたことになります」(竹中平蔵著『竹中教授のみんなの経済学』幻冬舎、七二〜七三ページ)

ここで竹中氏がのべている企業は、中小企業のことです。また、ノンバンクは、商工ローンやサラ金などの高利貸金業者のことです。この時点(二〇〇〇年頃)でのノンバンクの資金源は、銀行の融資を別にすれば、解禁されたばかりの社債やCP(コマーシャルペーパー)などでした。しかし、さきの貸金業界の総会での講演から察すれば、竹中氏は、小泉政権への入閣後は、ノンバンクの資金調達の新たな選択肢として、郵政民営化後の郵貯が現実味を帯びて、頭のなかに浮かんできていたわけです。

その竹中氏は、最新の著書『「改革」はどこへ行った？』において、「日本の政府は実はこの数年の間、金融に関して決定的な失敗と言える政策を実施した」とのべて、改正貸金業法による上限金利規制に悪罵を投げかけています。かれは、「金利というのはおカネの価格であり、市場が決めるものです。ハイリスク・ハイリターンの貸し付けなのか、ローリスク・ローリターンの貸し付けなのか、それによって金利が、モノやサービスの価格と同じように、市場で決まらなければいけません」（『「改革」はどこへ行った？』東洋経済新報社、一二九ページ）というのです。かれは、事実に沿わない間違った利子論でもって、高利貸しを擁護する「金利自由化論」を展開しています。わが国の政府の閣僚まで務めた竹中氏ですが、かれは、今や高利貸しの代弁を買って出るという存在に成り下がっているのです。

3　利息制限法制定の沿革と適正金利

前述のように、高金利引き下げの運動にとって当面する課題は、改正貸金業法の早期完全施行です。しかし、金利の引き下げは、それで終わりというわけにはいきません。今日の経済情勢または金融事情をみた場合、利息制限法にもとづく上限金利（一〇万円未満年利二〇パーセント、一〇万円以上一〇〇万円未満同一八パーセント、一〇〇万円以上同一五パーセント）が適正金利とはとても思えないからです。したがって、ここでは、この適正金利について利息制限法制定の歴史的経過を踏まえながら、若干ふれておきたいと思います。

弁護士や司法書士などでつくる利息制限法金利引下実現全国会議は、二〇〇九年一一月七日、川崎市において、国民の生活を破壊しない金利水準を目指して、利息制限法の上限金利の引き下げを実現するための川崎大会を開催しています。私はこの大会には参加できませんでしたが、後日、集会では現在の公定歩合、すなわち日銀の市中金融機関への貸出金利（ゼロ金利）などを勘案した場合、適正上限金利は年利八パーセント程度が妥当との意見が出たと聞きました。この意見は、現行上限金利が貸出金の多少におうじて三段階に区分した制限になっているのにたいし、区分しないで一律規制にするというものです。

これまでの高金利引き下げの運動は、その大半が処罰上限金利をさだめた出資法の改正の問題に集中してきました。したがって、利息制限法がさだめる上限金利の水準についての議論は、あまりおこなわれてきませんでした。しかし、そんななかで一九八八（昭和六三）年八月に、日弁連消費者問題対策委員会は、『適正金利論―健全な消費者ローンに向けて―』という研究書を発行して、わが国における利息制限法の歴史的沿革、利息制限の法律の理念、そして出資法および利息制限法上の制限金利水準の問題点などを検討し、適正金利についての貴重な問題提起をしています。

ここでは、日弁連の消費者問題対策委員会において検討された、いくつかの大事な点についてみておきたいと思います。まず、なぜ日弁連が適正金利についての検討をおこなうことになったのかという点です。研究書は、一九八三（昭和五八）年に貸金業規制法の制定および出資法の改正がなされた後も、クレジット・サラ金被害による消費者破産事件が続発している状況をみると、この事件の根底には金利の問題があると考え、かつこの金利についてはそれまで深く考察した研究がほとんどないため、消費者の視点に立って、独自に検討を加えてきたとのべています。

それから、適正金利とは何かという点です。研究書は、適正金利については消費者の立場から捉えるべきであり、それこそが本来あるべき適正金利であると考えるとのべています。そして、消費者信用における適正金利とは「消費者が収入の範囲内で無理なく返済できる金利」であり、現行利息制限法所定の金利内のものであるとのべています。「現行利息制限法所定の金利内のものである」とのべているのは、出資法における処罰上限金利との関連でのべられたものと思われます。つまり、金利とは、出資法所定のものではなく、あくまでも利息制限法所定の金利である、という考えなのです（研究書は、「利息制限法の制限利率こそ、社会的にみて許される金利と許されない金利との分水嶺である」とものべています）。

つぎに、重要な指摘だと思われることは、金利規制の法理についての見解です。研究書は、金利の歴史と法律の沿革について詳しく検討していますが、わが国の金利規制の法律の理念は高利の重圧に苦しむ借り主を高利貸しの不当な搾取から保護しようというものであり、その理念に沿って運用され機能して現在にいたっているとのべています。適正金利を考える場合、利息制限の法律の理念をしっかりと捉えることが一番大切であり、その点にかんして研究書は、じつに明確です。

旧利息制限法は、一八七七（明治一〇）年九月一一日太政官布告第六六号の公布の「利息制限法左ノ通相定候条此旨布告候事」という五ヵ条のさだめのことです。このさだめは、「金銭ヲ貸付ケ暴利ヲ貪ル弊ヲ防止センガ為ニ」制定されたのでした。すなわち、この法律は、高利貸しによる不当な徴利を禁じ、経済的弱者である借り主を保護する目的で制定されたものであったのです。*

＊　一八七七（明治一〇）年の旧利息制限法は、高利貸しの残酷な高利の徴収によって窮乏する債務者を保護することが目的でしたから、この点、高利徴収を倫理的・道徳的に非難する、西洋の中世教会法による利息禁止や徳川幕府の利息制限の趣旨と相通ずるものがあった、といわれています（森泉章著『判例利息制限法（増補）』一粒社、九ページ参照）。

この旧利息制限法は、第二条で契約上の利息（超えた場合、裁判上無効の上限利率）を、第三条で法律上の利息（法定利率）をさだめていました。契約上の利息は、上限を元金一〇〇円未満は年利二割、一〇〇円以上一〇〇〇円未満は同一割五分、一〇〇〇円以上は同一割二分として、「若シ此限ヲ超過スル分ハ裁判上無効ノモノトシ各其制限ニマテ引直サシムヘシ」としていました。法律上の利息は元金の多少にかかわらず年利六分としていましたが、この規定は後に、民法第四〇四条（法定利率）の年利五分の規定と抵触するにいたったため、民法施行法（一八九八〔明治三一〕年法律一一号）第五二条によって削除されました。

旧利息制限法は一九五四（昭和二九）年に廃止されて、現行の利息制限法が制定されましたが、新法の制定に当たっても、借主保護の理念は変わりませんでした。この借主保護について、研究書は「高利貸が、債務者の窮状につけ込んで不当な利益を取得することは社会的にみて許されない。そのような行為を放任すれば、窮乏する借主はますます窮乏してしまうし、そのような状況の中から利益を得るというのは社会の正義感情が許さないということで、社会政策立法としての高利禁止法が制定されているのである」とのべています。

現行利息制限法の制限金利（一〇万円未満年利二〇パーセント、一〇万円以上一〇〇万円未満同一八パーセント、一〇〇万円以上同一五パーセント）は、当時における銀行の貸付金利のすう勢を勘案してさだめられたものです。研究書によれば、この制限利率は、すべての消費貸借を通ずる利息の最高限度という性格上、銀行の貸付金利よりかなり高く、さりとて貸金業者・質屋等の金利は異常に高くて到底容認できるものではないとしてさだめられたものです。ちなみに、当時一九五四（昭和二九）年の全国銀行貸付金利は、年利九・〇〇パーセント（『昭和50年経済統計年報』六三ページ）でした。一九五二（昭和二七）年は九・一八パーセント、一九五三（昭和二八）年は八・九七パーセント（前同）でした。研究書は、この全国銀行貸付金利はその後、一時これより高くなったこともあるが、しばらくは低金利（一九八五〔昭和六〇〕年は六・五七〇パーセント、一九八六〔昭和六一〕年は五・六二六パーセント、一九八七〔昭和六二〕年は五・〇四八パーセント）となっているため、金利のすう勢からみるかぎり、制限利率の引き下げが検討されるべき現状にあるとの認識を示しています。

日弁連の研究書は、このように利息制限法制限利率の引き下げの必要性を示唆してはいますが、具体的な適正金利にかんする分析まではしていません。ただ、クレジット・サラ金利用者の平均利用高を仮に二〇〇万円として、債務超過に陥った債務者の返済能力をみた場合、元利金を一定の余裕を持って三年間で返済できる利率は、一五パーセントで、利息制限法の上限金利と一致するという試算をしています。しかし、これも二〇パーセントの利率となると、人間の生活には常に予測不能な事態が発生することが必至であるから、利息制限法の範囲内であっても、上限ぎりぎりであれば支払えなくなる可能性がかなりあるとのべています。

4　今日における適正金利水準とは

日弁連が適正金利についての具体的な提案をはじめて示したのは、私が知るかぎり、二〇〇〇年一〇月五日、岐阜市において開催された第四三回人権擁護大会においてです。このときのシンポジウム第三分科会実行委員会作成の基調報告書『クレジット・サラ金・商工ローン被害の救済と根絶に向けて―あるべき消費者信用法を考える―』によると、現行利息制限法の上限金利をそれぞれ六パーセント引き下げ、元本が一〇万円未満は年利一四パーセント、元本が一〇万円以上一〇〇万円未満は同一二パーセント、元本が一〇〇万円以上は同九パーセントとするとしています。報告書は、「この提案は、明治以来のわが国の旧利息制限法及び旧々利息制限法の上限金利の数字ともかけ離れたものではなく、穏当、堅実なものと考えられる」とのべています。

こういう数字を提案するにいたった理由について、報告書は、つぎのようにのべています。少し長くなりますが、紹介しておきたいと思います。

「現行利息制限法の制限利率は、戦後初期の高金利時代に、従前の制限利率を引上げたものであり、その立法経過及び金利水準の動向よりすれば、今すぐにも制限利率を大幅に引下げるのが当然である。

どこまで引下げるべきかについては、市場金利の動向を踏まえるとともに、消費者信用という特性に鑑みれば、利用者たる消費者の生活破壊を招かないものであるということが必須の条件とされなければならない。またここで『市場金利の動向』といっても、利息制限法違反の高利が常態化した現在の『消費者金融市場』の金利を考慮するのは背理となるのであって、そうした『矯正すべき市場の金利』を除外した、公正な市場金利動向に基づく必要がある」

「具体的にどの程度引下げるのが妥当かについては、さまざまな考え方があろうが、現行利息制限法の制定を検討した当時（一九五三年）の市場金利水準と制限金利との関係を踏まえ、その後の市場金利水準の動向を反映させたものとすることが、現行法との連続性を尊重した考え方として合理性があると思われる。

すなわち、現行利息制限法の制定を検討した当時（一九五三年）の『国内銀行証書貸付平均金利』は、一二・〇四五％であった（日本銀行統計）」

「その後わが国の市場金利は、ほぼ一貫して低下しているが、一九九五年以降現在に至る超低金利水準は、銀行救済のための特殊な政策的金利設定であることから、『市場の適正金利水準』として比較するのは適当でない。そこで、それ以前の一九八六年から一九九四年までの期間を、近年の『市場適正金利水準』の比較対象として見ると、この期間の『国内銀行貸出約定平均金利』の平均値は五・五三九％である。つまり、利息制限法検討当時の平均金利一二・〇四五％との差は六・五〇六％となる」


日弁連人権大会において示された金利引き下げ率六パーセントという数字は、こうした分析および判断にもとづいたものでした。つまり、この提案は、現行利息制限法の制定を検討した当時の考え方を尊重して、当時基準とした「国内銀行貸出約定平均金利」と近年で相応しい期間におけるそれを比較し、下がった分だけ制限金利を引き下げるという、十分合理性があるものです。*

＊ 日弁連は、二〇〇三年八月二一日に発表した「統一消費者信用法要綱案」において、つぎのような金利お

よび違約金の提案をしています。「消費者金融取引の利息と販売信用取引の手数料（金融料）の制限利率を見直して、以下のような規制にすべきである。（1）過去の国内銀行貸出約定平均金利に連動する『連動制』を採用する。（2）制限利率は、過去一〇年の平均金利の六％上乗せした数値を上限とする」。

私は、九年前の日弁連人権大会において提案された考え方、そして日弁連が二〇〇三年八月二一日に発表した「統一消費者信用法要綱案」に盛り込んだ提案は、現行利息制限法がさだめている上限金利水準を引き下げるうえで、有力な判断基準になるのではないかと思います。ともあれ、当面の問題は、まず改正貸金業法の早期施行を実現することです。報道などによれば、新法施行の進捗状況は、二〇一〇年六月までには完全実施されるといわれています。しかし、油断は、禁物です。利息制限法の上限金利引き下げについては、これから運動を大きく広げていくことが必要です。

あとがき

本書ができるきっかけは、筆者が高金利引き下げをもとめる運動のなかで、全国クレジット・サラ金被害者連絡協議会事務局長の本多良男さんのもとめに応じて、同会の「ニュース」(二〇〇三年二月六日発行号から断続的に十数回)に「利子について考える」という記事を書いたことでした。この記事は、毎回二~三ページ程度の長さで、利子とは何か、古代の哲学者はそれをどう考えたか、利子のみなもとは何か、高利はなぜ発生するのか、といったような内容でした。ただ、今になって掲載記事をみますと、そういうことを専門的に十分考えたことがありませんでしたので、人様にみていただくには不十分さが否めません。それでも当時は、高金利問題や多重債務問題を解決するために頑張っている全国の皆様に少しでも役立てていただければ、という思いで原稿を書いたものです。

その後、筆者は、『経済』(新日本出版社発行)二〇〇六年三月号に「市場原理主義とクレジット・サラ金――上限金利規制緩和・撤廃論を批判する」(本書第5章に所収)という一文を寄稿しました。これは、貸金業界側が御用学者などを総動員して、高金利商法を正当化する「金利自由化論」を展開してきたのにたいして、それを批判したものです。また筆者は、同じく『経済』二〇〇八年三月号に「古代の哲学者は高利についてどう論じたか」（本書第1章所収）という一文を寄稿しました。これは、被害者団体の「ニュース」に書いた原稿の内容を膨らませて多少詳しく書いたものです。

本書は、この二つの文章に、さらに「高利貸しの諸形態――古代から現代まで（第2章）、「変化してきた利子についての考え方――ロック、スミス、マルクスの利子論について」（第3章）、「高利貸しの本性とは何か」（第4章）、「高金利引き下げの現段階と課題」（第6章）の四本の文章を加えて構成したものです。このうち第2章と第4章の二本は、いずれも、さきの被害者団体の「ニュース」掲載文を大幅に書き換えたものです。第3章は、新しく書き下ろしたものです。第6章は、二〇〇九年一二月段階で、二〇〇六年に成立した改正貸金業法が完全に施行されていないことに憂慮して書いたものです。なお、『経済』誌に寄稿した文章は、それぞれ補筆・訂正しました。

したがって、本書は、利子論を体系的に考察して書いたものではなく、実践のなかで必要に応じて、かつ極めて断片的に書いたものです。不十分なところがあるとすれば、そういう事情があることを斟酌いただければ幸いです。

個人的なことをのべることをお許しいただければ、筆者は、一九七〇年から東京の代々木総合法律事務所（入所当時の所名は、松本善明法律事務所）に事務局員として務め、二〇〇九年一二月をもって退所しました。その間、法律事務に携わる傍ら、約四半世紀にわたって、東京の中野地域においてクレジット・サラ金問題に取り組み（中野クレジット・サラ金問題対策協議会〔通称中野こだまの会〕の活動）、高利金融被害者の救済、そして高金利規制の法改正などの運動に微力ながら参加してきました。筆者は、こうした活動をするなかで、高利の発生原因やその本性に関心を持ち、その問題を主として経済的、社会的、政治的各側面から探究してきました。

かえりみれば、筆者が法律事務所に入所した当時は、クレジット・サラ金問題はまだ社会問題とはなっていない時期でした。それが、経済の高度成長が図られるにつれ、いわゆる大量消費社会の波が押し寄せてきて、社会は一気に「クレジット社会」「キャッシュレス社会」に突入しました（「クレジット社会」については、拙書『「クレジット社会」虚像と実像』〔新日本出版社〕をご参照ください）。しかし、その社会は、後に訪れる新自由主義にもとづく労働の規制緩和による非正規雇用の拡大などと相まって、けっして勤労者のための経済社会ではありませんでした。勤労者・消費者に自己破産などがいっそう増大して、多重債務問題は、深刻な社会問題の一つとして浮かび上がってきました。こうした状況のなかで、二〇〇六年には、国民的運動が実って、この多重債務問題の解決の手立てとして、改正貸金業法が国会において全会一致で成立しました。

しかし、問題は、根本的に解決されたわけではありません。多重債務を生み出すような社会構造（国民のあいだに貧困と格差などが広がった社会構造）がそのままになっているからです。利息制限法の制限利子率も、高水準のままになっています。したがって、今日、こうした社会構造を是正して、憲法第二五条で規定する生存権を国民一人ひとりに保障できる社会を築くことは、焦眉の課題となっています。

本書の出版は、代々木総合法律事務所での仕事や活動の経験がなければありえなかったことです。法律事務所で共に働き活動していただきました弁護士と事務局員の皆様に感謝申し上げます。また、利子問題についての執筆のきっかけを与えていただきました、全国クレジット・サラ金被害者連絡協議会事務局長の本多良男さんに御礼申し上げます。

本書の出版を快くお引き受けいただき、原稿の内容にも適切なご助言をいただきました花伝社の平田勝さんに御礼申し上げます。

本書の出版によって、利子および高利の問題に関心を持ってくださる方が多くなることを祈念するものです。同時に、本書をクレジット・サラ金被害の根絶の運動に少しでもお役に立てていただければ幸いです。

二〇一〇年五月一五日

鈴木久清

〔参考文献〕

第1章　古代の哲学者は高利についてどう論じたか
プラトン『国家』岩波文庫（下）
プラトン『法律』岩波文庫
アリストテレス『政治学』岩波文庫
アリストテレス『ニコマコス倫理学』岩波文庫（上）
モンテスキュー『法の精神』岩波文庫（中）
マルクス『資本論』新日本出版社、新書版①⑪
『古代オリエント資料集成1 ハンムラビ「法典」』有限会社リトン、一九九九年
マックス・ウェーバー『古代社会経済史』東洋経済新報社、一九五九年
宮下孝吉『西洋古代・中世経済史』ミネルヴァ書房、一九六七年
渡邊佐平『金融論』岩波全書、一九五四年
F・J・ラブリュイエール、R・M・ヘルピ共著『消費者クレジットの世界史』社団法人金融財政事情研究会、一九九七年
福田歓一『政治学史』東京大学出版会、一九八五年
『聖書 旧約聖書続編つき』日本聖書協会

シェイクスピア『ヴェニスの商人』岩波文庫
岩井克人『ヴェニスの商人の資本論』ちくま学芸文庫、一九九二年
藤沢令夫『プラトンの哲学』岩波新書、一九九八年
中野孝次『セネカ現代人への手紙』岩波書店、二〇〇四年

第2章　高利貸しの諸形態——古代から現代まで

マルクス『資本論』新日本出版社、新書版⑨⑩⑪
渋谷隆一編『サラリーマン金融の実証的研究』日本経済評論社、一九七九年
原点訳『古代オリエント資料集成1 ハンムラビ「法典」』中田一郎訳、リトン、一九九九年
ジャック・ル・ゴッフ『中世の高利貸―金も命も―』法政大学出版局、一九八九年
『世界大百科事典25』平凡社、一九七五年刊
宮下孝吉『西洋古代・中世経済史』ミネルヴァ書房、一九六七年
森田鉄郎『世界各国史15 イタリア史』山川出版社、一九七六年
マックス・ウェーバー『古代社会経済史』東洋経済新報社、一九五九年
船田亨二『ローマ法』第一巻、岩波書店、一九四三年
モンテスキュー『法の精神』岩波文庫（中）
西本頴『利息法史論』有斐閣、一九三七年

ピーター・スタイン『ローマ法とヨーロッパ』ミネルヴァ書房、二〇〇三年
北原進『江戸の高利貸――旗本・御家人と札差』吉川弘文館、二〇〇八年
大石慎三郎『田沼意次の時代』岩波現代文庫、二〇〇一年
竹中靖一・川上雅共著『日本商業史』ミネルヴァ書房、一九六五年
作道洋太郎『近世封建社会の貨幣金融構造』塙書房、一九七一年
磯田道史『武士の家計簿』新潮新書、二〇〇三年
井原西鶴『日本永代蔵』岩波文庫、新潮社新潮日本古典集成
渡邊佐平『金融論』岩波全書、一九五四年
野呂栄太郎『日本資本主義発達史』岩波文庫（上）
平野義太郎『ブルジョア民主主義革命』法政大学出版局、一九六八年
早稲田大学経済史学会編『近世日本農民経済史研究』早稲田大学経済史学会、一九五二年
中澤市朗『改訂版自由民権の民衆像』新日本出版社、一九九六年
新井佐次郎『秩父困民軍会計長　井上伝蔵』新人物往来社、一九八一年
マルティン・ルター『ルター　世界の名著23』中央公論新社、一九七九年
清水廣一郎『中世イタリア商人の世界――ルネサンス前夜の年代記』平凡社、一九八二年
日本弁護士連合会消費者問題対策委員会『消費者信用事情訪米調査報告書』、二〇〇三年
鳥畑与一『略奪的金融の暴走――金融版自由主義がもたらしたもの』学習の友社、二〇〇九年

工藤晃『資本主義の変容と経済危機——大銀行、多国籍企業は何をしたか』新日本出版社、二〇〇九年
宇都宮健児『大丈夫、人生はやり直せる——サラ金・ヤミ金・貧困との闘い』新日本出版社、二〇〇九年

第3章　変化してきた利子についての考え方——ロック、スミス、マルクスの利子論について

ジョン・ロック『利子・貨幣論』東京大学出版会、一九七八年
ダンテ「神曲〈地獄篇〉」河島英昭訳、『図書』岩波書店、二〇〇六年一一月号
長尾治助『判例貸金業規制法』法律文化社、一九九九年
渡邊佐平『金融論』岩波全書、一九五四年
松永澄夫編『哲学の歴史 第六巻 知識・経験・啓蒙［18世紀］』中央公論新社、二〇〇七年
アダム・スミス『国富論』岩波文庫（一）（二）水田洋監訳・杉山忠平訳、旧岩波文庫（三）大内兵衛訳
高島善哉『原点解説スミス「国富論」』春秋社、一九六四年
高島善哉『アダム・スミス』岩波新書、一九六八年
高島善哉『アダム・スミスの市民社会体系』岩波書店、一九七四年
久留間鮫造・玉野井芳郎『経済学史』岩波全書、一九五四年
建部正義『はじめて学ぶ金融論』大月書店、一九九九年

マルクス『資本論』新日本出版社、新書版⑩⑪
マルクス『賃金、価格、利潤』大月書店、国民文庫
宮川彰『『資本論』第2・3巻を読む』学習の友社、下、二〇〇一年
モンテスキュー『法の精神』岩波文庫（中）

第4章　高利貸しの本性とは何か

マルクス『資本論』新日本出版社、新書版①②⑨⑪
渡邊佐平『金融論』岩波全書、一九五四年
行徳峰史『商工ローン 借りてはいけない』WAVE出版、一九九九年
金子ハルオ『経済学（上）―資本主義の基礎理論―』新日本出版社、一九六七年
ジャック・ル・ゴッフ『中世の高利貸―金も命も―』法政大学出版局、一九八九年
シェイクスピア『ヴェニスの商人』ワイド版岩波文庫、中野好夫訳、
脇田晴子『室町時代』中公新書、一九八五年
豊田武『増訂中世日本商業史の研究』岩波書店、一九五二年
中島邦蔵『貨幣形態論―理論・歴史・現実―』法政大学出版局、一九七二年
清水誠『時代に挑む法律学』日本評論社、一九九二年
宇佐美誠次郎・宇高基輔・島恭彦編『マルクス経済学体系 Ⅰ資本の生産・流通過程』有斐閣、一九九六

年
宮川彰『『資本論』第2・3巻を読む』学習の友社、下、二〇〇一年
見田石介・宇佐美誠次郎・横山正彦監修『マルクス主義経済学講座 下』新日本出版社、一九七一年
青木雄二『ゼニの人間学』KKロングセラーズ、一九九五年
「天声人語」『朝日新聞』二〇〇三年五月二五日付
内田百閒『大貧帳』六興出版、一九八一年、ちくま文庫、二〇〇三年
ジュリエット・B・ショア『浪費するアメリカ人』岩波書店、二〇〇〇年
ダニエル・ベル『資本主義の文化的矛盾』講談社学術文庫（上）、一九七六年
堤未果『ルポ 貧困大国アメリカⅡ』岩波新書、二〇一〇年
ジョセフ・E・スティグリッツ『フリーフォール――グローバル経済はどこまで落ちるのか』徳間書店、二〇一〇年

第5章　市場原理主義とクレジット・サラ金――「上限金利規制緩和・撤廃論」を批判する
西川公也「金利は自由が原則、IT書面一括法適用実現を目指す」『月刊消費者信用』金融財政事情研究会、二〇〇五年四月号
坂野友昭・藤原七重論文「消費者信用市場における上限金利規制の影響～米国における先行研究のサーベイ～」早稲田大学消費者金融サービス研究所ホームページ

消費者金融連絡会編・早稲田大学消費者金融サービス研究所監修『経済学で読み解く消費者金融サービス』金融財政事情研究会、二〇〇四年
石川和男・野尻明裕共著『ノンバンクの進化形〝みなしバンク〟――真のリスクテーカー創出への制度設計』金融財政事情研究会、二〇〇四年
石川和男・野尻明裕共著『銀行とノンバンクの融合――上限金利規制統一法の設計』金融財政事情研究会、二〇〇五年
マルクス『資本論』新日本出版社、新書版⑪
アダム・スミス『国富論』岩波文庫（二）、水田洋監訳・杉山忠平訳、
内橋克人編著『経済学は誰のためにあるのか』岩波書店、一九九七年
金融財政事情研究会「貸金業の現状と課題～新しい貸金業制度創設への視点～」『月刊消費者信用』二〇〇五年九月号
金融財政事情研究会「金融庁懇談会、自民議連が秋口から本格討議へ」『月刊消費者信用』二〇〇五年一〇月号
桜井哲夫『〈自己責任〉とは何か』講談社現代新書、一九九八年
浦田賢治「『特別報告集』を読む」『自由法曹団東京支部ニュース』自由法曹団東京支部、二〇〇〇年五月号
長尾治助編『レンダー・ライアビリティ――金融業者の法的責任』悠々社、一九九六年

ミルトン・フリードマン『選択の自由』日本経済新聞社、一九八〇年
宇都宮健児・宮部みゆき「対談 ヤミ金 オレオレ オウム――弱肉『弱』食社会を考える」『論座』朝日新聞社、二〇〇四年五月号、宇都宮健児『反貧困――半生の記』花伝社、二〇〇九年に収録
デビッド・コーテン『グローバル経済という怪物――人間不在の世界から市民社会の復権へ』シュプリンガー東京、一九九七年

第6章　高金利引き下げの現段階と課題

宇都宮健児『大丈夫、人生はやり直せる――サラ金・ヤミ金・貧困との闘い』新日本出版社、二〇〇九年
宇都宮健児『弁護士、闘う――宇都宮健児の事件帖』岩波書店、二〇〇九年
鳥畑与一「新自由主義の高金利正当化論を切る―経済学から見る消費者金融高金利問題―」『金融労働調査時報』銀行労働研究会、二〇〇六年五・六月号
鈴木久清「市場原理主義とクレジット・サラ金――上限金利規制緩和・撤廃論を批判する」『経済』新日本出版社、二〇〇六年三月号
北健一『高利金融　貸金ビジネスの罠』旬報社、二〇〇八年
第二九回全国クレサラ被害者交流集会実行委員会編『2009年クレサラ白書』、二〇〇九年
中谷巌『資本主義はなぜ自壊したのか――「日本」再生への提言』集英社インターナショナル、

二〇〇八年
中谷巌・竹中平蔵共著『ＩＴパワー――日本経済・主役の交代』ＰＨＰ研究所、二〇〇〇年
竹中平蔵『竹中教授のみんなの経済学』幻冬舎、二〇〇〇年
竹中平蔵『「改革」はどこへ行った？』東洋経済新報社、二〇〇九年
日本弁護士連合会消費者問題対策委員会『適正金利論―健全な消費者ローンに向けて―』、一九八八年
森泉章『判例利息制限法（増補）』一粒社、一九七八年
日本弁護士連合会第四三回人権大会シンポジウム第三分科会実行委員会作成基調報告書『クレジット・サラ金・商工ローン被害の救済と根絶に向けて―あるべき消費者信用法を考える―』、二〇〇〇年

鈴木久清（すずき きゅうせい）

1946 年　福島県に生まれる
1970 年　法政大学社会学部卒業
1970 年　代々木総合法律事務所（前身は松本善明法律事務所）に事務局員として入所。2009 年に同法律事務所退所。この間、勤務の傍ら中野憲法会議、日本国民救援会渋谷支部、同中野支部の活動に参加。1984 年の中野クレジット・サラ金問題対策協議会（通称中野こだまの会）結成に参加し、2009 年まで相談員として活動。平和、人権、クレジット・サラ金問題などに関する小論文多数執筆。
現 在　フリーライター
著 書　『「クレジット社会」虚像と実像』（新日本出版社）

市場原理主義と高金利マネー——奪う！　カネも人の命も

2010年6月5日　初版第1刷発行

著者 ——鈴木久清
発行者 —平田　勝
発行 ——花伝社
発売 ——共栄書房
〒101-0065　東京都千代田区西神田2-7-6 川合ビル
電話　03-3263-3813
FAX　03-3239-8272
E-mail　kadensha@muf.biglobe.ne.jp
URL　http://kadensha.net
振替 ——00140-6-59661
装幀 ——神田程史
印刷・製本—シナノ印刷株式会社

ISBN978-4-7634-0571-5 C0036